KB236523

여성
철학자의
철학
이야기

여성철학자의 철학 이야기
: 나의 철학 그리고 내가 사랑한 철학자

발행일
초판 1쇄 2026년 1월 30일

지은이
강선형, 김분선, 김애령, 김은주, 노성숙, 양창아, 이선현, 이솔

펴낸이
김현경

펴낸곳
북드라망
주소. 서울시 종로구 사직로8길 34 307호(내수동, 경희궁의아침 3단지)
전화. 02-739-9918
팩스. 070-4850-8883
이메일. bookdramang@gmail.com

ISBN
979-11-92128-65-8 03100

인문교양의 싹을 틔우는 **봄날의박씨**는 북드라망의 자매브랜드입니다.

여성 철학자의 철학 이야기

나의 철학 그리고 내가 사랑한 철학자

지은이
강선형
김분선
김애령
김은주
노성숙
양창아
이선현
이솔

날의봄씨박

일러두기

1. 인용 서지의 표기는 해당 서지가 처음 나오는 곳에 지은이, 서명, 출판사, 출판연도, 인용 쪽수를 모두 밝혔습니다. 이후 다시 인용할 때는 지은이, 서명, 쪽수 식으로 간략히 표시했습니다.

2. 단행본·경전·정기간행물의 제목에는 겹낫표(『 』)를, 단편·논문 등에는 홑낫표(「 」)를, 영화·미술 작품 등에는 홑화살괄호(〈 〉)를 사용했습니다.

3. 외국 인명·지명 등의 고유명사는 2017년에 국립국어원에서 개정한 외래어 표기법을 따라 표기했습니다.

기획의 말

여기, 여덟 명의 여성철학자들이 '철학'과 '철학자'에 대해 이야기하는 자리를 마련했습니다. 철학도, 철학자도, 사유한다는 것도, 누군가의 사상을 이해한다는 것도 낡고 고루하고 쓸모없고 뜬구름 잡는 것으로 느껴지는 지금, 한국에서, 사유하기를 삶으로 삼은 여성들이 철학 이야기를 펼쳐 놓습니다.

이 기획의 출발은 단순한 질문이었습니다. 우리의 삶을 바꾸고 관계를 다시 짓게 만드는 사유를 해온 한국의 여성철학자들이 이렇게 많은데, 왜 우리는 그 존재를 거의 알지 못할까? 이 질문은 곧, 뒤늦게 철학자의 사유를 만나 그 철학에 매료되어 공부를 시작하는 중년 여성들의 모습과 겹쳐졌고, 그렇게 '여성철학자들의 철학 이야기'라는 이 책의 윤곽이 제 머릿속에 그려지기 시작했습니다.

　　책의 첫 그림을 그린 후 실제 결과물로 나아가기까지는 수년의 시간이 필요했습니다. 그 사이 세상은 정신없이 빠른 속도로 변해 갔지만, 철학도 사유하기도 철학자의 개념을 이해하는 일도 애초에 속도와는 잘 어울리지 않는 일이었기 때문일까요? 이 기획은 여러 면에서 참으로 느릿느릿 진행되었습니다. 그럼에도 몇 번이고 이어졌다 끊기기를 반복하는 동안, 변함없는 지지를 보내 주신 한 분의 선생님 덕분에 국내에서 활발히 활동하며 주목받고 있는 신진·중진 여성철학자 여덟 분께 글을 부탁드릴 수 있었습니다.

　　각 선생님께는 두 편의 글을 요청드렸습니다. 한 편은 자신이 철학(혹은 전공한 철학자)과 만난 이야기, 또는 철학이란 무엇인지에 관한 개인적인 사유를 담은 에세이입니다. 다른 한 편은 선생님이 깊이 파고들어 온 철학자의 사상을 자유로운 형식으로 풀어낸, 입문서에 가까운 글입니다(한 분의 선생님은 특별히 이 두 가지 요구를 한 편의 글에 직조하여 보여 주십니다). 이 두 편의 글은 철학자의 삶과 사유가 분리될 수 없음을, 또 철학이 언제나 구체적인 삶의 자리에서 시작된다는 사실을 함께 보여 줍니다.

　　그리고 지금 여기에서, 여성철학자들의 목소리를 한 자리에 모아 보여 주는 일은 단순한 소개를 넘어, 철학의 장을 다시 구성하는 하나의 실천이 될 수 있다고 생각합니다. '철학자'라는 말을 들었을 때 우리가 떠올리는 얼굴이 대개 남성이라는 사실은 우연이 아닙니다. 이는 철학 자체의 본질 때문이 아니라, 어떤 사유가 기록되고 전승되며 제도화되어 왔는가 하는 문제와 깊이 연결되어 있습니다. 철학함에 성별의 구분은 당연히 없지만, 철학자의 이름이 호명되는 방식에는 분명 성별의 정치학이 작동해 왔습니다. 그렇기에 이 책에서는 그동안 자연스럽게 받아들여져 온 기준에 질문을 던지기 위해 '여성 철학자'라는 명명을 사용합니다. 이 명명은 특정한 맥락에서 필요하며, 언젠가는 더 이상 필요 없어질 이름이지만, 바로 지금 이 자리에서는 여전히 유효한 문제 제기라고 생각합니다.

이 책에 모인 여성철학(연구)자들은 하나같이 우리의 삶을 다시 사유하게 만들고, 당연하게 여겨 온 경계에 질문을 던지며, 이질적인 존재들과의 연결을 사유하는 작업을 해오고 있습니다. 지금 우리에게 너무도 절실한 이 작업들을 철학자 자신의 경험과 함께 들려주는 이 책이, 단 한 명의 독자라도 자신의 삶을 더 사유하는 쪽으로, 우리에게 그어진 경계를 의심하는 쪽으로, '우리 공동체' 바깥의 존재를 상상하는 쪽으로 나아갈 수 있게 한다면, 기획자로서 더 이상의 바람은 없을 것입니다.

_김현경(봄날의박씨)

아렌트와
바깥을 향한 사유

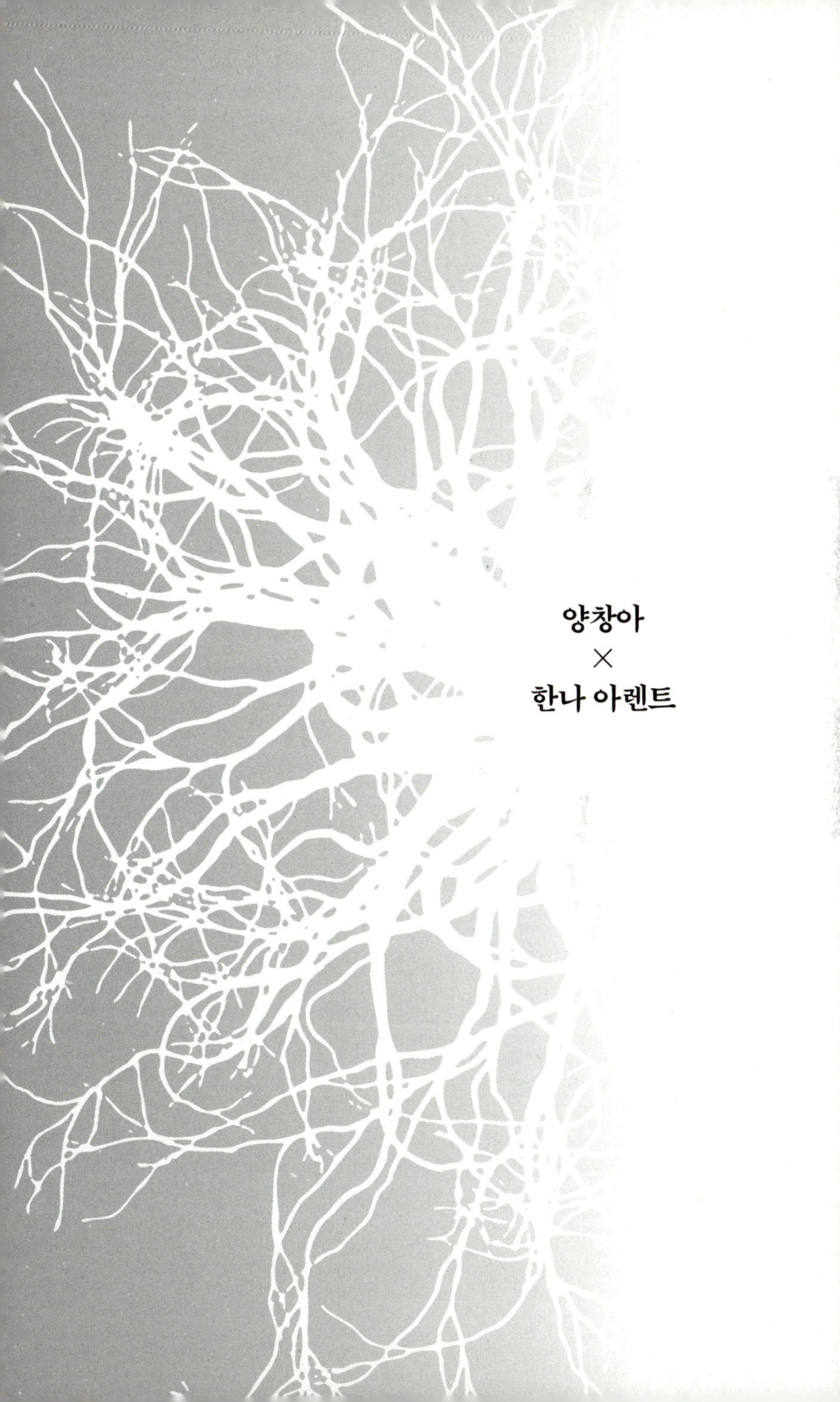

양창아
×
한나 아렌트

한나 아렌트를 만난 시간

기억의 조각

어떻게 철학을 공부하게 되었는지, 특히 한나 아렌트의 사상을 전공으로 삼게 된 계기는 무엇인지를 묻는 질문을 연이어 받았던 적이 있다. 박사학위논문을 다듬어 『한나 아렌트, 쫓겨난 자들의 정치』이학사, 2019를 출간하고 몇몇 책방에서 북토크를 하게 되었을 때다. 사람들은 아렌트의 사상만큼이나 철학이라든가 어느 한 사람의 사상 같은 것을 10년 넘게 공부하는 까닭도 궁금해했다. 질문을 받자 떠올랐던 기억의 장면이 하나는 아니었다. '아스트로북스'에서, '책방이층'과 '책방밭개'와 '책방한탸'에서 만난 이들에게 나는 각기 다른 장면을 이야기했

여성철학자의 철학 이야기

다. 일부러 그런 건 아니었다. 이야기를 꺼낼 때 떠올린 하나의 장면은 결국 그 질문의 답으로 충분치 않은 것이었고, 다시 같은 질문을 받게 되었을 때 또 다른 장면이 재차 떠올랐던 까닭이었다. 그때 이야기한 장면과 미처 이야기하지 못한 장면을 여기서 다시 끄집어내 본다. 그 장면들을 어떻게 이어 붙이느냐에 따라 다른 이야기가 될 테고, 그러니 바로 이것이라고 답할 만한 이야기가 정말 있을까 의심도 들지만, 지금으로서는 달리 방법이 없다.

대학에 갈까 말까

1998년 가을 어느 날 교실에 앉아 창밖을 보고 있었다. 고등학교 2학년 때였다. 태풍이 다가온다는 소식을 들었고 하늘이 심상찮아 보였으나 불어오는 바람이 마음을 설레게 했다. 수업 시간이었던 것도 같은데 상념에 빠져 있었고 번뜩 지금 학교 밖을 나가다가도 차에 치여 죽을지도 모른다는 생각이 떠올랐다. 삶이 언제까지나 지속될 것이라는 가정하에 아무렇지도 않은 듯 생활을 이어 나가고 있지만 삶은 언제든 끝날 수 있는 것이고 예측할 수 없는 것이라는 생각이었다. 누구나 한 번쯤 했을 만한 '나의 죽음'에 관한 생각이 나에게도 떠올랐고, 그 순간이 무시하지 못할 만큼 강렬해서 남은 시간 무엇을 하며 살아갈 것인지를 결정하는 데 적지 않은 영향을 주었다.

　지금 생각해 보면, 1997년 'IMF 사태'라 불리던 경제위기 상황에서 사람들이 목숨을 잃는 일이 반복되고 그 소식이 익숙해져서 슬슬 뉴스로도 다루어지지 않게 된 시기였다. 우리 집도 그 사태로 한순간에 빚더미에 올라앉아 충격에 휩싸여 있다가 그래도 간신히 일상을 유지할 수 있게 된 시기였다. 만만치 않은 상황을 느끼면서도 대학을 갈지 농사를 지을지 고민하고 있었다. 그즈음에 읽었던 『철학의 길잡이』김하태, 종로서적, 1996와 『잡초는 없다』윤구병, 보리, 1998라는 책의 영향이 꽤 컸다. 농사는 할머니 댁에 가면 언제든 지을 수 있지 않을까 하는 철없는 생각과 더불어 철학을 공부해 보고 싶다는 생각이 들어 집 근처 국립대 철학과에 지원했고, 원서는 그거 딱 한 장 썼다. 죽음이 늘 가까이 있다고 느끼니 하고 싶은 일을 하자고 마음먹는 일이 어렵지 않았다. 풀어야 할 수수께끼가 많다고 느꼈다. 90년대의 문화적 풍요로움과 세기말의 분위기도 영향을 끼쳤을 것이다. 결정적으로, 선택지 자체가 많지 않았던 것이 그런 선택을 가능하게 만들었다. 주변에서 많이들 얘기하는 부모님의 반대 같은 것은 없었다.

대학의 안팎에서

막상 대학에 들어가니 철학 공부보다 아르바이트하기 바빴고, 사람 만나는 일에 더 시달리고 매달렸다. 식당, 과외, 술집, 찻집, 편의점, 신문 배달, 학과 조무 등의 일을 하며 만난 사람들 속에서 느낀 권력관계는 그것이 은근한 형태든 적나라한 형태든 이런 관계 속에서 살다가는 언젠가 분명 미쳐 버릴 것이라는 두려움을 안겨 줬다. 상대적으로 인격적인 대우를 받으며 안전하다고 느낀 곳이 대학이었고, 애착이 가는 몇 안 되는 사람을 만난 곳도 대학이었던 데다 철학을 공부해 보고 싶다는 생각을 미처 실행에 옮기지 못한 학부 시절이었기에 대학원에 진학하기로 마음먹었다. 여러 이유가 있었지만, 일차적으로 대학원은 도피처였다. 물론 '사회'로부터 도피하는 와중에도 가령 아침에 잠자리에서 일어나 "(나는) 쓰레기네"라고 웅얼거리게 만든 일련의 경험에 대해 파고들고 싶다는 생각은 있었다. 안전한 곳이라고 머문 곳에서도 "이 도피처 역시 사회"라는 생각을 늘 붙잡고 있었다. 긴장을 풀 만큼 안전한 곳은 없다고 느끼던 때였다.

한나 아렌트의 사상에 대한 관심은 대학 4학년 수업 시간에 스치듯 그 이름을 들으면서 시작되었다. 새벽 세 시 반에 일어나 신문 돌리고 등교, 과사무실에서 학과일 보조하면서 수업을 듣는 일정으로 생활할 때였다. 수업 내내 졸면서도 아렌트의 이름과 칠판에 적힌 '악의 평범성'이라는 글자가 기억에 남았다. 당시는, 내가 신문을 배달하는 골목을 따라다니며 수음하는 인물이 있었고, 점점 더 자주 그리고 가까이에서 나타나 신고를 했는데도 조치가 제대로 취해지지 않아서 일을 그만둬야 하나 고민하던 때였다. 일은 결국 그만두었는데 고민은 끝나지 않았다. 그 사건 이전부터 설명하고 이해하고 싶었으나 그러지 못했던 이른바 '노동자'로서 그리고 '성폭력 생존자'로서의 경험이 문젯거리가 된 것이다.

그러한 경험은 곧바로 대면하기 힘든 면이 있었다. 내가 겪은 것이어도 나만의 것은 아니라는 느낌, 오래된 사회 구조나 거대한 역사와 연결돼 있다는 느낌이 있었으나 내 안에 잠가 놓고 싶은 마음이 더 컸던 것 같다. 그러한 경험 속 문제를 끄집어 내고 풀어낼 실마리를 찾으려면 마르크시즘이나 페미니즘 공부로 곧장 들어가도 좋았을 텐데, 무엇을 뜻하는지 잘 모르면서도 '악의 평범성'이란 말에서 기묘한 현실감을 느꼈고 아렌트에게 끌렸다. 여름방학 때 도서관에서 어슬렁거리다가 수업 시간에 들었던 이름을 우연히 발견했을 때 주저 없이 뽑아 든 책 『한나 아렌트』알로이스 프린츠, 김경연 옮김, 여성신문사, 2000는 직접 겪은 일을 철학적으로 탐구할 수 있을지 모른다는 기대를 품게 만들었고 아렌트의 사상을 공부하고 싶다는 생각도 하게

　　　　　　　　　여성철학자의 철학 이야기

만들었다. 이 짧은 아렌트 전기에서 가장 눈에 띄었던 부분은 그가 자신이 겪은 일을 적극적으로 사유함으로써 사상을 일구어 냈다는 점이었다. 풀어야 할 문제가 있는데 그것을 명료화하지 못하는 갑갑함 속에서 다른 어떤 철학자보다 아렌트를 '동시대인'이라고 느꼈던 것이 당시에 그에게 끌린 가장 큰 부분이었다. 어렴풋하게나마 '바닥'이라기보다 '바깥'인 삶의 자리에 대한 그의 인식이 흥미로웠고, 전기에 표현된 그의 성정이 '뜨겁지' 않았다는 것도 매력을 느낀 부분이었다.

이렇게 답하니 누군가 현재 파트너를 어떻게 만나게 되었냐 물었을 때 답하는 것과 별반 다르지 않은 기분이다. 의식적으로 알 수 있는 게 실은 많지 않기 때문이다. 학부 졸업논문으로 아렌트의 『정신의 삶: 사유』홍원표 옮김, 푸른숲, 2004를 정리한 글을 제출했다. 철학과 학부를 마무리하는데 '생각한다는 것'이 뭔지에 대해 진지하게 고민해 보자며 사유에 관한 이 텍스트에 접근했다.* 하지만 텍스트를 제대로 이해하지 못했고 발

* 이 책은 아렌트가 아이히만 재판 참관 후에 '사유의 부재'라는 현상과 더불어 인간의 정신 활동 전반에 관심을 갖게 되면서 쓴 첫번째 책이다. 『인간의 조건』에서 노동, 작업, 행위라는 인간의 '활동적 삶(Vita Activa)'을 다루었다면, 그 사건 이후에 사유, 의지, 판단을 중심으로 인간의 '정신적 삶(Vita Contemplativa)'을 다루고자 했다. 사유와 의지 부분은 출판되었으나 판단 부분은 그것을 쓰기 시작할 무렵에 아렌트가 생을 마감하면서 완성되지 못했다. 사유와 의지 합본 『정신의 삶: 사유와 의지』(홍원표 옮김, 푸른숲, 2019)도 번역되어 있다.

표할 때는 머릿속이 하얘져서 말도 제대로 꺼내지 못했다. 대학원에 입학하면 아렌트를 제대로 읽어 보자 했는데, 헤겔 『정신현상학』과 칸트 『순수이성비판』 강독, 독일어 공부, 플라톤 『국가』와 아리스토텔레스 『정치학』 강독, 관련 논문 번역 등 정규 수업과 여러 공부 모임에 참여하다 보니 아렌트 책은 펼쳐 보지도 못한 채 1년이 지났다. 아렌트를 전공할 거라고 했더니 누군가는 "여자라서 전공하려고 하는 거 아니냐"고 추측했고, 누군가는 "큰사람을 해야 한다"고 조언했고, 누군가는 "그 사람 사상이 공부할 만한가?"라고 질문했다. 그 시점에도 아렌트에게 끌린다는 것 말고 아는 것이 없어 답을 제대로 할 수 없었다.

경제적인 문제도 있었지만, 공부하고 싶은 사상가를 제대로 공부하지 못하고 있는 상황이 갑갑하여 휴학을 하고 『과거와 미래 사이』, 『전체주의의 기원』, 『인간의 조건』 같은 책을 찬찬히 읽어 나갔다. 『과거와 미래 사이』에서는 2장 역사 개념이 특히 이해하기 어려웠고, 『전체주의의 기원』 13장에서 고립·외로움·고독에 관한 논의에 매혹되었으며, 『인간의 조건』에서는 행위 개념이 다루고 싶은 문제로 파악되었다. 이때 풀리지 않거나 매혹되었던 저 부분들은 이후에 만난 사건들에 대해 고민하는 과정을 거쳐 대략 5~10년이 지나고 나서야 풀리거나 새로운 문제의식으로 주제화되었다. 다시 돌아가면,

    여성철학자의 철학 이야기

주변에 전공자가 없어서 아렌트의 저서를 혼자 읽기 시작했으나 그즈음 마치 운명처럼 아렌트의 책이 연달아 번역되어 나오고 논문도 꾸준히 출판되어 혼자 읽고 있다는 느낌이 들지 않았다. 정규 수업만 쉴 뿐 2~3개의 공부 모임에 지속적으로 참여했다. '스터디'라고 부르는 공부 모임이 그때는 참 많았다. 캠퍼스에 대학원생과 강사가 함께 공부하고 생활하는 아담한 공간도 있어서 밥도 같이 먹고, 청소도 같이 하고, 서로 묻고 답하고, 기대고 싸우며 함께 공부하는 시간을 보낼 수 있었다.

거기서 사람들과 온갖 수다를 떨었는데, '철학을 한다'는 것이 어떤 한 사상가를 전공하는 게 될 수 있냐는 물음을 가지고 이야기를 나눈 적이 있다. 누군가 '사람'이 아니라 '주제'로 논문을 쓰고 싶다고 얘기하는 바람에 시작된 것 같기도 하고, '누구누구를 전공한다'는 철학과 사람들의 말에 타과 선생님이 의문을 가지면서 이야기가 시작된 것 같기도 하다. 어떤 사람을 전공해야 한다는 요구는 그저 관습적인 것으로, 서구 사상을 수입해서 번역해야 하는 학문 식민지의 처지에서 비롯된 것이라는 얘기가 있었다. 소위 지식 권력 또는 학계의 권력을 쌓는 주요 방편이라는 얘기도 있었다. 한편으로 고개를 끄덕이면서도 한창 한 사람의 사상을 집중해서 공부하는 중이라 그랬는지 고개가 갸우뚱해지는 다른 측면이 있었다. 우리 사회가 상당 부분 서구화되어 있으니 이 사회의 문제를 이해하기 위해서도 서구 사상을 공부해야 하지 않나 싶었다. 한 사람의 사상을 연구한다고 할 때 그가 살았던 시대나 문제의식, 영향받은 동료 철학자 및 사상사의 전통과 역사로부터 그를 떼어 내어 연구하는 게 아니지 않나 싶기도 했다. 지금의 생각을 덧붙여 보면, 앎이 집단적인 것이고 연구자는 집단적 앎에 서로 다른 방식으로 참여하는 것이니 그 측면에서 보면 한 사람을 면밀히 연구하든 특정한 주제를 다채롭게 다루든 중요한 것은 연구에 접근하는 계기와 문제의식이 아닌가 싶다. 특정한 철학자를 전공하는 사람이 많아지고, 전공 철학자도 다양해져야만 주제 연구도 깊이와 넓이를 두루 갖출 수 있다. 엄밀한 의미에서 시대와 맥락을 떼어 낸 연구라는 것은 있을 수 없다. 우리가 '내' 연구라고 말은 하지만, 연구는 나 혼자 할 수 있는 것도 아니고 무엇보다 '내 것'이 아니다.

나의 아렌트 연구 과정도 서로 다른 동료와 일구어 낸 집단적 학습과 탈학습의 과정이었다. 대학 안에서 이루어진 (탈)학습의 경우, 칸트·헤겔·플라톤·아리스토텔레스·레비나스 등의 텍스트를 읽은 여러 수업과 스터디가 그 자체로 아렌트 사상을 이해하는 데 큰 도움이 되었다. 복학하고 나서 다른 전공의 동료와 함께 아렌트 텍스트를 읽으면서 알게 된 해석의 차이와 질문도 연구의 밑거름이 되었다. 『칸트 정치철학 강의』*김선욱 옮김, 푸른숲, 2002는 칸트 전공자, 스피노자 전공자, 들뢰즈 전공

　　　　　　　　　　　　여성철학자의 철학 이야기

자와 스터디를 하면서 읽었는데, 동일한 개념을 이해하는 방식이 워낙 달라서 아렌트의 개념이 다른 철학자의 개념과 어떻게 다른지, 아렌트의 문제의식이 어떤 것인지를 설명해야 했다. 헤겔 전공자인 지도교수는 한 학기 수업을 아렌트의 주요 저서 중 몇 권을 번역본으로 읽고 발표하는 방식으로 진행했는데, 10명 정도 되는 학생이 차례로 발표하되 질문은 전공자인 나에게 하는 것이 대략적인 규칙이었다. 『인간의 조건』이진우·태정호 옮김, 한길사, 2006을 읽을 때 특히 질문이 많았다. 대체로 공적 영역과 사적 영역에 대한 이해가 가지각색이고 노동, 작업, 행위 개념에 대한 이해가 혼란스러웠다. 석사논문 「한나 아렌트의 정치철학 연구: 공/사 영역과 파리아의 관점을 중심으로」의 주제와 구성은 스터디와 수업에서 이루어진 문답을 통해 빚어진 것이었다.

대학 밖에서도 동료를 만났다. 주로 동아대, 경성대, 부산대에서 국문학, 역사학, 미학, 철학을 공부하던 여러 연구자가 '연구모임 비상'이라는 이름으로 토요일마다 부산교대 근처 '공간초록'에 모여 책을 읽었다. 밥도 먹고, 영화도 보고, 학

---

* 이 책은 '정신의 삶'의 판단 부분에 해당하는 내용을 다루었던 아렌트의 텍스트를 정리한 것이다. 그녀 사후에 제자 로널드 바이너(Ronald Beiner)는 관련 유고(대부분 칸트에 관한 강의록)를 정리하고 편집한 후 '한나 아렌트의 판단 이론'이라는 제목의 해설 논문까지 덧붙여 이 책을 출판했다.

회도 참여하고, '독서모임 산책'도 꾸려 나가며 함께 공부했다. '공간초록'은 지율 스님을 중심으로 천성산을 관통하는 고속 철도 터널 공사를 막기 위해 도롱뇽 소송을 준비하고 실행했던 이들이 만든 곳이었다. 이들은 정성스레 공간을 만들고 비워 놓았다. 몇 가지 약속만 지키면 공간이 필요한 누구든 와서 그곳을 쓸 수 있게 한 것이다. 대략 5~6년간 그곳을 드나들며 다양한 모임과 사람, 사건을 만났다. 독서모임을 열면서 다채롭게 빛나는 여러 사람을 만나게 되었고 덕분에 '생각다방산책극장'이라는 또 다른 장소와 사람과 연결되었다. '공간초록'을 애용하던 모임 중에는 '부산온배움터', '습지와새들의친구', '초록영화제', '구들장', '호랑이출판사' 등이 있었다. 여러 모임의 구성원이 서로 알게 되면서 '강정', '영도', '밀양', '만덕'에 함께 연대하게 되었고 저 장소의 이름으로 대표되는 중요한 사건들*도 만나게 되었다. 삶의 터전에서 쫓겨난 사람들이 공동의 장소를 지키기 위해 이른바 전쟁 반대, 노동, 환경 및 에너지, 주거권 운동을 새롭게 이어 나가고, 다양한 연대자가 자신이 할 수 있는 방식으로 연대하는 모습을 지켜보며 이제껏 배

* 강정에서는 해군기지 건설에 반대하는 투쟁이, 영도에서는 한진중공업 정리해고 반대 투쟁이, 밀양에서는 송전탑 반대 및 탈핵 운동이, 만덕에서는 대추나무골 주거권 투쟁이 일어났다.

   여성철학자의 철학 이야기

운 것들이 깨어지거나 생생해지는 경험을 했다. 그 경험을 통해 아렌트가 『인간의 조건』에서 말하고자 했던 '행위'가 무엇을 뜻하는지를 새롭게 이해하게 되었다. 그 사건들을 만나기 전까지는 사람들의 관계망이 형성되면서 공동의 세계가 열리고 새로운 정치적 행위가 시작된다는 게 뭘 뜻하는지를 실은 모르고 있었다는 것을 깨달았다.

이 만남의 시기는 헤어짐의 시기이기도 했다. 몇몇 가족과 친구를 잃었다. 사람들이 이런 일을 겪고도 견디며 살아간다는 게 놀라웠던 것, 말 그대로 몸의 일부가 떨어져 나간다고 느꼈던 것, 곁에 있던 이들을 다시는 보지 못한다는 현실을 받아들이기 힘들었던 것이 떠오른다. '너의 죽음'이 문제가 된 시절이었다. 강렬했다고 여겼던 '나의 죽음'에 대한 상상과는 비교도 되지 않는 몸의 반응이 '뭐가 뭔지 도무지 알 수 없는' 상태로 이어졌다. 당시에 나는 그것을 '일상을 누릴 수 없는' 상태라고 표현하기도 했다. 아마도 그렇게 관계의 상실로 취약해지고 고통스러운 상태여서 2010년대 우리 사회에서 일어난 일련의 비극적 사건에 몸으로 반응할 수 있었던 것 같다. 게다가 대학 안팎에서 물심양면으로 나를 보살펴 주고 동시에 꽉 막힌 자아의 벽을 허물어 준 동료들이 있어서 휘청거리면서도 고립되지 않고 또 다른 사람들과 연결되며 조금씩 일상을 되찾아 나갈 수 있었다. 그 과정에 아렌트 연구와 글쓰기도 있었다.

처음으로 한 사람의 시민이자 철학 연구자로서 사회에서 잘 보이지 않고 들리지 않는 사람들의 목소리에 응답하는 법에 대한 고민이 생겨났다. 「쫓겨난 자들의 저항과, 함께 사는 삶의 장소의 생성: 한나 아렌트의 행위론」이라는 제목으로 박사논문을 쓸 때 이 시기에 들었던 여러 목소리가 늘 함께했고, 그에 답하는 것이 우리 시대에 답하는 사유의 과제라고 생각했다.

사유의 과제

그 생각은 지금도 달라지지 않았다. 다만 그 목소리들을 어떻게 사유할지는 여전히 어려운 문제다. 특정한 목소리에 어떤 방식으로 응답할지, 즉 우리 사회에서 제기된 문제를 어떤 방식으로 표현하고 논의할지를 연구자라면 특히 더 섬세하게 고려해야 하기 때문이다. 아렌트를 만난 지 거의 20년이 다 되어 간다. 그럼에도 그의 사상을 잘 안다고 말하기 힘들다. 곁에 있는 사람을 잘 아느냐고 물었을 때 답하기 힘든 것과 유사하다. 게다가 우리 사회에서 일어나고 있는 일련의 사건에 주목하면서 그의 텍스트를 읽으면 매번 연구해야 할 문제가 새롭게 발견되어서 만남을 이어 나가지 않을 수 없다. 이제까지의 연구가 대체로 사람들이 관계를 맺고 '공동의 세계'를 형성하며 함께 사는 법을 익혀 나간 역사와 사건에 주목했다면, 최근에는 그러

  여성철학자의 철학 이야기

한 세계를 지키고자 하는 사람들의 정치적 역량을 감소시키거나 이들의 행위를 막는 메커니즘을 연구할 필요성을 느낀다.

이러한 연구는 사회의 바깥에 있다고 느끼는 사람들 가운데 왜 어떤 이들은 서로를 보살피는 공동의 세계를 구축하는 방향으로 가게 되고, 어떤 이들은 타자를 만들어 내는 혐오의 세계를 구축하는 방향으로 가게 되는지를 묻는 데서 시작할 것이다. 어느 날 아침 내뱉은 "(나는) 쓰레기네"라는 웅얼거림을 다시 생각하게 된다. 1990년대 말부터 본격화된 신자유주의 사회의 논리는 그에 맞는 제도를 만들어 그 안에 사는 사람들의 내면을 잠식하고, 그 동력으로 다시금 자기 논리를 강화할 수 있는 새로운 제도를 계속 만들어 냈다. 그 논리를 내면화하면, 현 사회 체제 바깥의 잉여 인간은 스스로를 죽이거나 아니면 타자화한 존재를 죽이는 결론을 내리기 쉽다. 한동안은 이런 종류의 문제를 '포스트파시즘' 연구를 통해 풀게 될 것이다. 그러려면 아렌트의 사상은 물론이고 마르크시즘과 페미니즘 공부를 본격적으로 해야 한다. 오래전에 누군가가 나에게 "연구에 지름길은 없다"라고 말한 적이 있는데, 참으로 맞는 말이었다. 한참을 돌아왔다는 뜻이라기보다도 헤매지 않으면 길을 찾을 수 없다는 뜻에서 말이다.

한나 아렌트와 파리아 개념

경험과 사유

삶과 사상이 따로 떨어져 있는 철학자가 어디 있겠냐마는 한나 아렌트(Hannah Arendt, 1906~1975)만큼 그 연관성을 주목받는 이도 많지 않은 것 같다. 그의 삶과 사상의 연관성을 직접적으로 잘 드러낸 전기만 대충 손꼽아 봐도 알로이스 프린츠의 『한나 아렌트』김경연 옮김, 여성신문사, 2000, 엘리자베스 영-브륄의 『한나 아렌트 철학 전기』홍원표 옮김, 신서원, 2022, 앤 C. 헬러의 『어두운 시대의 삶』정찬형 옮김, 역사비평사, 2021, 사만다 로즈 힐의 『한나 아렌트 평전』전혜란 옮김, 혜다, 2022, 켄 크림슈타인의 그래픽노블 『한나 아렌트, 세 번의 탈출』최지원 옮김, 더숲, 2019 등 5권이나 된다.

　　　　　　　여성철학자의 철학 이야기

아렌트 스스로 "개인적 경험 없이 가능한 사유 과정이 존재한다고는 믿지 않"는다고 말하거나권터 가우스(Günter Gaus)의 아렌트 인터뷰 「무엇이 남아 있느냐고요? 언어가 남아 있어요」, 『한나 아렌트의 말』, 윤철희 옮김, 마음산책, 2016, 66쪽., "사상 자체는 사건에 관한 산 경험에서 우러나온다고 생각하며, 그것의 함의를 유추할 수 있는 유일한 지침인 사건과 결합되어 있어야만 한다고 생각한다"고 말하기도 했지만한나 아렌트, 『과거와 미래 사이』, 서유경 옮김, 푸른숲, 2005, 25쪽., 실제로 전기를 참조하며 아렌트의 저서를 읽어 보면, 그의 사상이 자신이 겪은 시대의 현실에 대한 적극적인 응답으로 이루어져 있음을 확인할 수 있다. 그는 자신이 마주한 사건에 대한 끈질긴 숙고 속에서 자기 사유를 담은 독특한 개념의 그물망을 형성했다.

만일 누군가가 철학자의 삶을 조금도 고려하지 않고 그의 사상을 이해하려고 한다면, 그것은 삶의 이야기만으로 철학자의 사상을 이해하려는 시도만큼이나 허무맹랑하다고 할 것이다. 하지만 우리가 막상 철학자의 저서를 펼쳐 읽고 그의 개념을 파악하려고 할 때, 알게 모르게 개념이 생겨난 삶과 현실의 맥락을 고려하지 않는 경우가 많다. 그 결과 실체 없는 개념의 혼란에 빠지기 쉽고, 이해를 위해 애쓰기보다는 책 읽기 자체를 포기하고 싶어지는 것이다.

나는 아렌트의 사상을 이해하려면 독일에서 태어나 유대인이라는 이유로 국적을 박탈당하고 18년간 무국적 상태로 살았던 경험을 핵심적으로 고려할 필요가 있다고 생각한다. 그는 1930년대와 40년대 유럽에서 일어난 사건들에 대해 숙고하며 전체주의 체제의 여러 요소를 분석했고, '타자 학살'을 위한 테러가 본질이고 그것을 뒷받침하는 이데올로기를 동력으로 삼은 그러한 체제가 재등장하는 것을 염려하며 '정치'의 의미를 고찰했다. 그러한 경험을 고려할 때, 아렌트가 난민의 형상을 중심으로 서구 근대의 '민족-국가' 체제 너머를 사유할 필요성을 드러냈다는 점에 주목할 수 있고 양창아, 「『전체주의의 기원』과 난민의 형상」, 『젠더, 이주, 난민』, 부산대학교 여성연구소 기획, 부산대학교출판문화원, 2025, 무엇보다 그의 관점, 즉 그가 서 있는 사유의 자리와 태도를 드러내는 '파리아(pariah)'라는 개념에 주목할 수 있다.

파리아, 접촉할 수 없는

나치 독일은 소위 과학적 인종주의를 통해 순수 아리아인인 게르만 민족이 우월한 인종이고, 유대인·공산주의자·성소수자·아픈 사람·집시 등은 열등한 인종에 속한다고 주장했다. 이들에게 열등한 인종은 국가의 발전을 저해하고 우월한 인종의 삶의 권리를 침해하기 때문에 추방하거나 수용소에 가두거나 없애야 하는 존재다. 열등한 타자는 제국의 국민이 될 자격이 없으므로 자신과 똑같은 삶의 권리를 누릴 만하지 않을 뿐

   여성철학자의 철학 이야기

만 아니라 제국의 적이기 때문에 한곳에서 같이 살 수 없다는 것이다.

이러한 사태를 고찰하며 아렌트는 근대의 민족-국가 체제가 천부인권에 기반한 헌법의 틀을 갖고 있으면서도 국민의 권리만 보호하게 구조화되어 있다는 점을 예리하게 지적한다. 그에 따르면, 이 체제는 국민이 아닌 인간의 기본적 권리를 보호할 수 없었고, 심지어 국적을 박탈할 수 있는 법률을 만들어 타자 집단을 비국민화하고 비인간화하는 데 십분 활용되었다. 이렇게 각국이 "자국 내에 없었으면 하는 사람들"을 내쫓기 시작하자 국적 없는 난민의 수가 점차 늘어났다. 난민은 유럽 전체에서 "달갑지 않은(indésirables)" 존재가 되었고, 지구상의 어떤 국가에도 속하지 못해 버림받은 채 "지구의 쓰레기"가 되었다.한나 아렌트, 『전체주의의 기원 1』, 이진우·박미애 옮김, 한길사, 2006, 492쪽.

타자 학살, 즉 제노사이드는 타자 집단과 한곳에서 같이 살 수 없다는 요구를 정책적으로 실현시킨 것이다. 이러한 요구는 함께 살 수 없는 타자 집단을 선택하고 말 그대로 지구상에서 무화하려는 정치 체제가 등장하기 전에 사회적으로도 준비되어 있었다. 19세기 유럽 사회에서는 '유대 민족'이 대표적인 타자 집단에 속했다. 만민평등의 이념에도 불구하고 유럽 사회는 게토에서 해방된 유대인이 자신들과 똑같은 삶의 권리를 누리는 것을 인정할 수 없었다. 막스 베버(Max Weber)

는 카스트(caste)에도 들어가지 못하는 바깥(out)의 존재인 인도의 ‘파리아(pariah)’에서 당시 유대인의 사회적 이방인(social outcast)으로서의 위치를 보았다. 베버는 유대인을 유럽의 파리아 민족이라고 일컬었다. 파리아는 불가촉천민(不可觸賤民, untouchable)이라고 번역되는 데서도 알 수 있듯이 다른 신분의 사람과 접촉할 수 없는 천한 존재라는 뜻을 담고 있다. 이들과 접촉하면 마치 전염병에라도 옮을 수 있다는 듯이 파리아는 한곳에서 같이 살 수 없는 존재이자 신분의 사다리에서 자신보다 낮은 위치에 있어야 하는, 자신과 같은 위치에 있어서는 안 되는 존재로 여겨졌다.

아렌트는 19세기의 ‘사회적 반유대주의’와 20세기의 ‘정치적 반유대주의’, 즉 ‘타자에 대한 사회적 차별’과 ‘조직적 학살’은 분명 다른 것이지만 차별이 무시할 수 없는 구조적 폭력이라는 것을 파리아 개념을 통해 드러낸다. “사회는 어떤 유혈 참사도 없이 사람들을 살해할 수 있는 거대한 사회적 무기로서 차별을 발견했다.”한나 아렌트, 「난민인 우리들」, 『유대인 문제와 정치적 사유』, 홍원표 옮김, 한길사, 2022, 598쪽.

그것은 일찍이 ‘동화(assimilation)’의 요구에서 드러났다. 아렌트가 보기에, 동화는 사회의 바깥에 있는 이방인이 그러한 위치에서 벗어나기 위해 해당 사회의 기준에 맞추어 자기를 변형시키는 것을 뜻한다. 19세기 유대인을 일컫는 또 다른

     여성철학자의 철학 이야기

용어인 파브뉴(parvenu, 벼락부자)는 사회에 동화하는 데 성공하기(parvenir; 도달·성공·출세하다는 뜻의 프랑스어) 위해 노력하는 이방인을 뜻한다. 유럽 사회는 이들에게 구성원이 되기 위해 차이를 없애라고 요구하면서도 이들을 사회의 동등한 일원으로 받아들이지 않고 '영원한 이방인'으로 남겼다. 유대인은 나치 독일에서 제일 먼저 귀화·국적 박탈(de-naturalization) 조치를 당한 집단이 되었다. 이들에게 이런 조치가 가능해지자 제국의 적으로 지목된 열등한 집단은 점점 더 늘어났다.

자각한 파리아의 관점

아렌트는 19세기 사회 밖의 존재였던 파리아와 파브뉴의 현실 인식과 태도에서 중요한 차이를 발견한다. 파브뉴는 자신이 속한 집단의 정체성을 거부하는 사회에 편입되기 위해서 사회의 차별적 구조를 문제 삼기보다 사회가 부정하는 자신의 정체성을 부인한다. 특정한 집단을 차별하는 구조를 주어진 현실로 받아들여서 사회 내로 들어가기 위해 개인적 노력을 다 하는 것이다. 이와 달리 파리아는 사회의 동화 요구를 따른다고 동등한 구성원이 될 수 없다는 것뿐만 아니라 파브뉴의 노력이 차별의 구조를 온존하게 만드는 효과를 발휘한다는 점을 깨닫는다. 이러한 현실을 자각한 파리아(conscious pariah)는 자기를 비롯하여 특정한 집단의 정체성을 부인하게 만드는 차별의 구조 자체를 바꿔야 한다고 주장한다. 차별의 현실을 볼 수 있는 사람들이 그것을 말하지 않으면 변화는 시작조차 될 수 없기 때문이다.

근대 사회가 피 흘리지 않고 사람을 죽일 수 있는 도구로 차별을 발명했다는 아렌트의 지적은 근대의 헌법 질서에서 차별이 허용되어 온 방식을 고려하면 좀 더 구체적으로 이해될 수 있다. 가령 프랑스 혁명의 「인간과 시민의 권리 선언」 제1조 "인간은 자유롭고 평등한 권리를 가지고 태어나며, 사회적 차별은 오직 공공의 이익을 바탕으로 이루어져야 한다"에서 일부 확인할 수 있듯이, 천부인권의 선언 이후에도 재산, 성별, 종교, 인종 등에 따른 차별이 허용되었다. 노동자, 여성, 유대인, 흑인노예 등은 공적인 일에 참여할 수 있는 참정권을 온전히 보장받지 못했고 이들의 이해관계는 공공의 이익으로 여겨지지 않았다. 이들은 스스로 투쟁을 통해 정치의 영역으로 들어가 권리를 쟁취할 수밖에 없었고, 민주주의 실현의 역사를 직접 써 나갈 수밖에 없었다.

자각한 파리아의 관점에서 보면, 태어날 때부터 자연적으로 주어진 자유와 평등의 권리는 존재하지 않는다. 서로 다른 입장을 드러낼 수 있는 자유를 보장받지 못하면 서로 평등한 관계에 있다고 할 수 없고, 평등한 관계 속에 있지 못하면 인간

　　　　　　　　　　　　　여성철학자의 철학 이야기

으로 대우받지 못한다. 사회적 차별이 폭력인 까닭은 특정한 개인이나 집단의 차이를 공적 영역에서 드러내지 못하게 해서 이들을 평등한 관계 바깥에 두고, 그로써 인간의 자격을 박탈하기 때문이다. 자각한 파리아의 관점은 정치적 행위를 통해서만 자유와 평등의 권리를 획득할 수 있고, 이를 통해 서로의 인간됨을 형성하고 지켜 낼 수 있다는 사실을 알려 준다. 주디스 버틀러(Judith Butler)는 이러한 생각을 "평등이 존재하지 않는다면 어느 누구도 인간이 아니다"라고 풀어내기도 했다.주디스 버틀러, 『지상에서 함께 산다는 것』, 양효실 옮김, 시대의창, 2016, 275쪽. 실상 모든 사람이 정치를 통해 각자의 차이를 드러낼 수 있는 평등한 관계를 구축함으로써만 서로의 인간됨을 지킬 수 있는 것이다.

그리고 보면 제2차 세계대전 이후 타자 학살을 '인간성에 반한 범죄(crimes against humanity)'라고 명명한 것은 아렌트의 정치 이해와 관련해서도 중요한 의미가 있다. 그에게 '정치'는 차이를 드러내며 공통의 세계를 구성하는 활동, 서로 다른 사람이 함께 사는 법을 배우는 활동이다. 정치의 근본 조건은 '복수성(plurality)', 즉 이 지구상에 여러 사람이 살고, 이들이 다 다르다는 사실이다. 그런데 타자 학살은 이러한 근본 조건을 파괴함으로써, 정치를 통해 구성되고 지켜질 수 있는 인간성을 파괴한다. 여기서 인간성은 우리가 보통 '인도주의(humanism)'라고 말할 때 떠올리는 도덕적 의미가 아니라 타자의 이질성과 차이를 뜻하는 복수성으로 이해할 수 있다.

이런 식의 생각이 낯설게 느껴질 수 있지만, 정치의 존재 이유를 생각해 보면 아렌트의 정치 개념은 상식을 크게 벗어나지 않는다. 서로 다른 입장과 성격적 특성을 가진 여러 사람이 한곳에서 함께 살면 갈등이 일어날 수밖에 없다. 그런데 갈등을 해결하기 위해 말이 아닌 폭력을 사용한다면 정치와 법은 필요하지 않을 것이다. 공통의 세계에서 일어나는 문제를 해결한다고 할 때, 우선 그 세계를 바라보는 여러 사람의 의견이 다양하게 펼쳐질 수 있어야 문제에 대한 검토가 더 '객관적'일 수 있고, 그와 같은 의견의 교환이 일상적으로 이루어져야 사람들이 문제 해결을 위한 설득과 조정의 역량을 갖출 수 있다. 게다가 "새로 오는 자", 즉 이방인의 관점과 타자의 말을 적극적으로 받아들일 수 있을 때, 공통의 세계가 풍요롭고 인간적일 수 있으며 정치는 생명력을 갖고 공동체에 "새로운 시작"을 가져올 수 있다.아렌트, 『인간의 조건』, 245쪽. 그러므로 누구나 공통의 세계에 평등하게 참여할 수 있는 법적 토대를 마련하고, 자신이 사는 세계에 대한 의견을 각자 말하고 응답받을 수 있는 정치적 자유를 보장해야 한다. 하지만 아렌트가 보기에 근대 민족-국가 체제에서 이러한 정치는 이루어지지 못했다. 근대의 사회적 차별이 그것을 불가능하게 만들려는 하나의 시도였다면, 전체주의 체제는 그것을 불가능하게 만들 뿐만 아니라 불필요

    여성철학자의 철학 이야기

하게 만들려는 총체적 시도였다.

사유의 조건

아렌트는 단일한 민족(또는 인종)만이 국민일 수 있는 국가를 만들려는 시도가 타자 학살을 논리적 결과로 이끌어 내고 근대 민족-국가 체제에서 타자 학살이 실현되는 과정을 지켜보았다. 그런 까닭에 그는 1948년 팔레스타인에 단일 유대 국가를 세우려는 시도에 반대했고, 아랍인을 유대인의 적으로 대립시키는 다수 입장을 "인종주의적 국수주의"라고 비판했다.아렌트, 「유대인 조국을 구원하자」, 『유대인 문제와 정치적 사유』, 781쪽. 당시에 그가 유대인 공동체 내에서 표명한 소수 입장은 자각한 파리아의 관점에 따른 것이다. 타자와 함께 살지 않겠다는 의지를 담거나 타자를 열등한 위치에 놓는 구조 자체를 이 관점이 거부하기 때문이다. 이 입장은 그가 아킬레스의 위대함만이 아니라 헥토르의 영광 또한 찬양한 "호메로스의 공정성"이라고 일컬은 객관성, "자기편과 자기 민족"의 이해에만 치우치지 않는 객관성을 갖춘 것이기도 하다.아렌트, 『과거와 미래 사이』, 75~76쪽.

이러한 관점과 입장의 특성은 아렌트의 자립적 사유(Selbstdenken)가 타자와 함께 살겠다는 복수성의 철저한 실천이기도 하다는 것을 보여 준다. 잘 알려져 있듯이, 아렌트는 아돌프 아이히만(Adolf Eichmann)의 무사유(thoughtlessness)를 가리켜 '악의 평범성(the banality of evil)'이라고 불렀다. 그것은 아이히만이 스스로 비판적으로 사유할 수 있는 능력이 완전히 결여되어 있음을 뜻한다. 평범하다는 말은 사람들이 악에 뭔가 심오한 게 있는 것처럼 굴지만, 악한 행동에 깊이나 심오함 같은 건 없음을 표현한 것이다. 깊이는 현재에서부터 과거를 거슬러 세계에 존재하는 무수히 많은 입장과 대화하며 차이를 세심하게 고려할 수 있을 때 갖추어질 수 있다. 그런데 아이히만은 "그 어느 것도 타인의 입장에서 바라볼 수" 없었고한나 아렌트, 『예루살렘의 아이히만』, 김선욱 옮김, 한길사, 2006, 104쪽., "상황에 연루된 타인의 시점이 어떤지, 혹은 어떨 것 같은지, 스스로 파악할 능력이 그냥 아예 부재"했다.데보라 넬슨, 『터프 이너프』, 김선형 옮김, 책세상, 2019, 147쪽. 그는 어이없을 정도로 천박했고, 자기 안에 현실을 막는 벽을 세우고 오랫동안 타자와 접촉하지 않은 것처럼 보였다. 복수성의 상실, 다시 말해 타자와 타자의 관점의 상실은 사유를 불가능하게 할 수 있다.

복수성은 사유의 조건이기도 하다. 아렌트는 사유를 "자신에게 말을 거는" 일이며 이는 특별한 전문가가 아니더라도 "누구나 할 수 있는" 일이라고 말한다.요하임 페스트(Joachim Fest)의 아렌트 인터뷰 「아이히만은 터무니없이 멍청했어요」, 『한나 아렌트의 말』, 98쪽. '나와 나 자신의 대화'인 사유의 모습을 아렌트는 "하나 속의 둘"(소크라테스)

　　　　　여성철학자의 철학 이야기

이라고 표현하기도 하고, "자기 안의 타인"(아리스토텔레스)이라고 표현하기도 한다. 이러한 활동은 고독 속에서 이루어지지만, 활발한 대화 과정에서 사유하는 자는 결코 혼자가 아니다. 정치의 장에서 타자와 현실을 공유하고 자유롭게 논쟁하는 것처럼, 사유의 장에서도 공통의 문제를 두고 논쟁이 벌어진다. 이렇게 '내 안의 대화'가 가능한 것은 이미 타자와 현실과 접촉이 이루어졌기 때문이다. 사유가 더 깊어지려면 또 다른 관점도 고려할 수 있어야 할 테니, 그러한 접촉을 멈추지 않는 데서 깊이의 가능성이 생길 것이다. '자신과의 대화'는 누구나 할 수 있지만, 정치와 마찬가지로 연습이 필요한 활동이다.

"폴리스의 삶에서 시민들 상호 간의 대화는 믿어지지 않을 정도로 큰 비중을 차지하고 있었다. 그리스인들은 끊임없는 대화 속에서 우리가 공유하는 세계가 대개 무수히 많은 상이한 입장으로부터 파악되며, 이러한 입장은 다양한 관점과 상응한다는 점을 발견했다. (……) 결코 소진되지 않는 논쟁 속에서 그리스인들은 자신의 관점과 의견(doxa)——세계가 자신에게 보여지고(dokei moi) 열리는 방식——을 다른 동료 시민들과 교환하는 법을 배웠다. 그리스인들이 서로를 이해하는 법——서로 개개의 사람들로서 이해하는 것이 아니라 상대방의 관점에서 같은 세계를 바라보는 법, 즉 동일한 것을 아주 다르게, 그리고 대개

는 상반된 관점에서 바라보는 법을 배웠다."_{아렌트, 『과거와 미래 사이』,}
_{76쪽.}

전체주의 체제는 이러한 활동을 불가능하게 만들 뿐만 아니라 불필요하게 만들려고 했다. 이 체제의 총체적 지배(total domination)라는 목표를 극단으로 밀고 나가면, 궁극에는 인간의 행위 능력과 사유 능력을 완전히 제거해서 인간 자체를 자발성도 인격도 없는 존재로 만드는 일이 벌어진다. 아렌트에 따르면, 강제수용소가 실제로 이런 일을 실험하는 실험실이었다. 관리자든 수용자든 인간을 모두 똑같이 단순한 반응과 기능 수행만 하는 존재로 변화시키는 것, "모든 인간이 똑같이 무용지물이 되는 시스템"을 추구한 것이 전체주의 체제의 본질이자 그것이 역사 속에 출현시킨 "극단적 악(radical evil)"의 내용이다._{한나 아렌트, 『전체주의의 기원 2』, 이진우·박미애 옮김, 한길사, 2006, 252쪽.} 결국 이 체제도 인간의 시작하는 능력을 완전히 사라지게 만들지는 못했지만, 아렌트는 역사 속에 한 번 등장한 정치체는 다른 얼굴로 재등장하기 마련이라는 사실을 염려한다. 실제로 오늘날, 경쟁을 원리로 삼는 신자유주의 체제는 사람을 승자와 패자로 나누고 끊임없이 패자를 만들어 내는 또 다른 잉여생산 체제라고 할 수 있다. 여기서 타자는 서로에게 의지하며 함께 사는 동료가 아니라 우리의 입지를 위태롭게 만드는 경쟁자이

　　　　　　　　　　　　여성철학자의 철학 이야기

자 적이 된다. 하지만 타자와 함께 동등한 관계를 맺으며 사는 것만이 정치를 가능하게 하고, 그것을 통해 인간적인 삶도 가능하게 된다. 타자의 현존과 현현에 기반한 정치는 사유의 조건이기도 하다. 사유가 그 자체로 타자 학살을 막을 수는 없다고 해도, 타자 학살을 막는 정치적 역량을 키우는 데 사유는 필수적이다. 아렌트의 사상은 이러한 조건을 지키기 위해 우리가 파리아의 관점에 설 수 있기를, 타자와 계속해서 접촉하기를 요구한다.

리쾨르,
삶은 이야기다

김애령
×
폴 리쾨르

맺음을 거부하는 끝없는 과정

"나는 이해하고 싶다.
(Ich will verstehen.)"
– 한나 아렌트

폴 리쾨르와의 만남

1994/95년, 베를린 자유대학의 인문학부 학과들이 모여 있는 달렘(Dahlem) 지구에 콘테이너 박스를 연결해 만들어져서 '로스트라우베(Rostlaube; 녹슨 자동차)'라고 불리던 건물의 한 세미나실에서, 리쾨르(Paul Ricœur)의 『시간과 이야기』를 처음 만났다. 리쾨르는 당시 활발히 활동하고 있는 철학자였고 총 세 권으로 이루어진 『시간과 이야기』는 출간된 지 오래지 않은 주목받을 만한 역작이었지만, 철학과에서 이 주제로 세미나가 열린 것은 아주 예외적인 일이었다. 내가 기억하기로, 그 전후로 베를린 자유대 철학과에서 리쾨르의 철학을 다루는 다른 세미

나가 개설된 적은 없다. 나도 그때까지는 리쾨르의 텍스트를 진지하게 읽어 본 적이 없었다. 그러나 세미나 첫날 앞으로 다루게 될 이 텍스트에 대한 간단한 소개를 듣고 조금 설레었다. 아주 재미있고 흥미로운 텍스트를 만날 것 같았고, 막연히 가지고 있던 어떤 철학적 아이디어를 확인하고 발전시킬 철학적 개념을 발견할 것 같았다. 기대했던 것을 기대했던 만큼 그 두터운 책에서 발견하지는 못했지만, 그 만남 이후로 리쾨르의 서사이론은 나의 철학 연구의 중요한 출발점이 되었고, 사유와 주장을 발전시켜 나갈 토대가 되었다.

1992년 초 독일로 '유학(留學이자 遊學)'을 떠날 때, 확고하고 뚜렷한 목표의식 같은 것은 없었다. 석사를 마쳤지만 '제대로' 해본 적 없는 '철학 공부'를 조금 더 해보자고 생각하면서 '먼 곳을 향한 동경(Fernweh)'에 이끌려 독일행을 선택하면서도 박사논문 주제를 구체화할 만한 상태는 아니었다. 막연히 해석학을 염두에 두고, 고전적 해석학보다는 하이데거(Martin Heidegger) 이후의 현대 해석학 안에서 내 주제를 발견할 수 있었으면 했다. 독일의 대학에서 내가 생각할 수 있는 주제는 '철학적 해석학'의 권위자 가다머(Hans-Georg Gadamer)의 예술이론을 연구하거나, 해석학적 사유를 활용하는 하버마스(Jürgen Habermas)나 아펠(Karl-Otto Apel)의 비판적 의사소통이론을 살피는 것이었는데, 그 두 방향 모두에 그닥 끌리지 않았다.

'포스트모던'의 논의와 데리다(Jacques Derrida)나 푸코(Michel Foucault) 같은 당대의 프랑스 철학자들을 막 읽기 시작하던 참이어서, 그들의 사유에 매혹된 탓이기도 했을 것이다. 그렇게 매일 하루 종일 도서관에 앉아 어디를 향하는지도 모른 채 이런저런 텍스트를 읽으면서 막연한 모색의 시간을 보냈다. 어디서 어떻게 시작해야 할지 막연하기만 했다. 이 시절은 공부하는 몸이 만들어지는 지난한 수행과 훈육의 시간이었지만, 학업에서는 눈에 띌 만한 진척을 보지 못하던 때였다. 그 시점에 프랑스의 현대 해석학자 폴 리쾨르를 만난 것이다.

이해 가능성과 불가능성 사이에서

출발은 '은유'라는 현상, 즉 중의적인 언어 표현의 이해 가능성에 대한 물음이었다. '은유'는 언어 규칙을 교란하는 일탈적 표현이지만, 세계를 보는 새로운 관점을 제공해 주어 이해를 확장하고 언어 표현의 의미를 새롭게 만들어 내는 '창조적 언어'의 동력이기도 하다. 더욱이 어떤 형태의 언어도 은유 없이는 살아갈 수 없다. 그러면 은유라는 언어 현상을 어떻게 해석할 수 있을까? 하나의 지시적 의미로 환원되지 않는 중의적 표현은, 어떻게 이해를 방해하고, 또 동시에 더 풍성한 이해 가능성을 열어 주는가? 이 물음을 구체화하는 데, 그 세미나에서 만

　　　　　　　여성철학자의 철학 이야기

난 『시간과 이야기』를 따라 들어가다가 도달한 리쾨르의 『살아 있는 은유』가 친절한 안내서가 되어 주었다. 그러면서 박사논문의 주제는 '은유와 미메시스'가 되었다.[*] 리쾨르의 철학 자체를 주제로 삼지 않으면서 그의 안내에 따라 '은유' 문제에 천착한 다양한 현대 이론들——소쉬르(Ferdinand de Saussure)와 구조주의 기호학, 언어분석철학을 차례로 검토했고, 니체(Friedrich Nietzsche)의 언어이론과 데리다 그리고 드 만(Paul de Man)의 해체비평이 주장하는 독서 불가능성(Unreadability)을 가로질러 어떻게 텍스트 읽기를 통한 세계 이해가 가능해지는지를 밝히고자 했다. 『시간과 이야기』의 '미메시스' 개념이 그 가능성을 열어 주었다.

리쾨르의 해석학은 나의 논지를 만들어 가는 데 가장 중요한 축이었지만, 그것을 읽고 쓰는 과정에는 늘 어떤 긴장이 있었다. 그것은 리쾨르의 철학을 특징짓는 '비판과 확신의 변증법'[**]을 어떻게 받아들여야 할지, 그의 주장을 비판과 확신

---

[*] Ae-Ryung Kim, *Metapher und Mimesis: Über das hermeneutischen Lesen des geschriebenen Textes*[은유와 미메시스: 쓰여진 텍스트를 해석학적으로 읽는 것에 대하여], Berlin: Dietrich Reimer Verlag, 2002.

[**] 리쾨르는 평생 프랑스 개신교 사회운동의 일원으로 활동했다. 그는 "철학 작업과 종교 분야에 대한 연구를 동시에 수행한 몇 안되는 철학자" 중 한 명이다. 그러나 그는 자신의 작업에서 이 두 분야를 철저히 분리했다. 흡사 철학자 리쾨르와 종교이론가 리쾨르가 따로 있는 것처럼, 연구 주제를 관리했다. "다른 양식을 서로 섞지 말자는 단순

사이 어느 쪽에 가까운 것으로 해석해야 할지와 관련된 것이었다. 때로 그의 철학이 해석의 토대에 대한 확신에 치우친 것으로 보였고, 그럴 때면 그것을 다시 비판과 회의 쪽으로 끌어와 읽을 가능성을 찾아내려고 했다. 내게 리쾨르는—'확신' 때문이 아니라 회의와 비판에도 불구하고 남겨지는 '가능성'을 포기하지 않는—실재론적 감각을 가진 해석학자여야 했기 때문이다. 그렇게 읽고 쓰는 동안 혹시 내가 다른 '정통적인' 해석들과 달리 나의 편향적인 관점에 맞춰 자의적으로 그의 철학을 '잘못' 해석하고 있는 것은 아닌지 조심스럽기도 했다.

분명 리쾨르의 해석학은 텍스트의 본질적인 의미를 목적으로 하지 않으면서, 여전히 텍스트의 뜻을 향한 추구의 길 위에 머문다. 그러나 다른 한편 그는 글로 쓰인 텍스트는 다양한 경쟁하는 해석들을 허용한다는 사실을 인정한다. 경쟁하는 해석들 사이의 갈등은 불가피하다. 그러나 그럼에도 그것이 바람직하지 않은 조건은 아니다. 그 갈등이 이해를 향한 추구를 지속시키고 추동하는 힘으로 작동하기 때문이다. "철학의 임무는 원을 닫고 지식을 중심화하거나 총체화하는 것이 아니라

한 방법론적인 신중함 때문이 아니라, 저에게 절대적으로 중요한 이중적인 준거를 주장하고 싶었기 때문입니다. 저는 계속된 성찰 속에서 이 주장을 연이어 표명해 왔고, 아마 그 가운데 가장 정확하면서 제가 지금 중요시하는 것은 비판과 확신의 관계입니다."(폴 리쾨르, 『폴 리쾨르, 비판과 확신』, 변광배·전종윤 옮김, 그린비, 2013, 259쪽.)

   여성철학자의 철학 이야기

담론의 환원 불가능한 복수성(複數性)을 계속해서 열어 놓는 것이다. 상이한 담론들이 어떻게 상호 관련되거나 교차되는지 보여 주는 것이 본질적이다. 하지만 우리는 그 담론들을 동일한 것, 같은 것으로 만들려는 유혹에 저항해야만 한다."^{리처드}

커니, 「폴 리쾨르—언어의 창조성」, 『현대 사상가들과의 대화』, 김재인 옮김. 한나래, 1998, 310쪽.

이와 같은 리쾨르의 말에서 내가 읽어 낸 것, 그리고 그래서 동의하는 것은, 해석의 끝나지 않는 과정 자체가 해석학의 과제가 되어야 한다는 것이다.

"삶은 이야기다"— 현장에서

"삶은 이야기다"라는 명제, 리쾨르의 『시간과 이야기』의 결론에서 그 연구의 성과로 가져온 '서사 정체성' 개념은, 이야기가 삶을 의미화해 주고, 내가 누구인지, 무엇을 하는 사람인지 설명할 수 있게 한다고 주장한다. 그렇게 나의 이야기를 통해 내 삶의 의미를 이해할 수 있게 되면, 나는 그것을 가지고 세계 안에, 사람들 사이에 한 명의 행위주체로 등장할 수 있게 된다는 것이다.

유학을 마치고 돌아와 철학과에서 강의를 하면서, 이화여대 한국여성연구원에서 프로젝트에 박사연구원으로 참여하게 되면서 '서사 정체성' 개념의 가능성을 '현장'에서 확인해

볼 기회를 얻었다. 리쾨르의 서사이론이 철학의 추상 세계에서 그려 주었던 '서사 정체성'의 가능성과 힘이 구체적인 삶의 현장에서 작동할 수 있는지 궁금했다. 리쾨르는 '언어와 권력의 문제'에 대해서는 언급하지 않지만, 기실 어느 누구나 자기 삶에 대해 이야기를 구성하고 그것을 드러낼 수 있는 것은 아니다. 누구나 말할 수 있는 것이 아니라면, 누구나 자기 이야기를 드러낼 수 있는 것이 아니라면, 누군가의 삶과 경험이 배제되고 비가시화되고 있다면, 그들에게도 말할 수 있는 기회, 자기 삶을 구성하여 이야기할 수 있는 공간이 제공되어야 하지 않을까? 그렇게 이야기할 수 있게 되면, 정말 '서사 정체성' 이론이 주장하는 것처럼, 과거의 상처를 치유하고, 스스로의 삶과 화해하고, '행위의 주체'로 공적 세계에 스스로를 드러낼 수 있게 될까? 질문을 안고 폐쇄를 앞둔 성매매 집결지에서 현장 활동가들과 연구를 진행하면서 그 지역 여성들의 '구술 생애사'를 모았다. 개입 없이 가능한 한 목소리를 그대로 담아 생애사를 모은 책을 냈고, 폐쇄를 앞두고 거기서 수십 년을 살아온 여성들이 집결지 공간을 직접 사진으로 기록하는 프로젝트도 진행했다. 그 결과물로 해외에서 초청 전시도 했고, 집결지가 폐쇄되고 프로젝트가 모두 끝난 후에는 사진과 글을 엮어 책으로도 만들었다.*

　　책이 출간되었을 때, 한 신문사로부터 인터뷰 요청을 받았

　　　　　　　　　　　　　　　　여성철학자의 철학 이야기

다. 편집 책임자로 인터뷰에 응할 때는, 이 책을 어떻게 소개해야 하나 생각했다. 그런데 찾아온 기자는 내 인터뷰가 책 소개 기사가 아닌 인물 소개 기사로 나가게 될 거라고 했다. 아마도 대학에 소속된, 철학을 공부하고 가르치는 나 같은 사람이 어떤 경로로 그 지역에 들어가 그런 프로젝트에 합류하게 되었는지 궁금했던 것 같다. "'여성인권' 같은 걸 떠올리는 기자에게, 나는 '이야기를 들으려고' 거기 들어갔다고 말했다. 기록되지 않은 삶, 말할 수 없었던 경험, 공적 역사에서 지워진 공간, 과연 내가 추상적 이론으로 읽고 이해했던 그 '서사 정체성'이란 것이 구체적으로 어떻게 구성되는지, 그걸 통해서 어떻게 우리가 한 사람의 삶에 대한 이해에 도달할 수 있는지 확인하고 싶었다고." 김애령, 「판도라 사진 프로젝트 이야기」, 『문학 3』, 2017년 2호, 265쪽.

내가 공부했던 텍스트 해석학이 현장에서의 '질적 연구'에 방법론적으로 도움이 되었지만, 내가 거기서 했던 작업은 분명 '철학'이 아니었다. 그 작업을 가지고 뭔가 학술적인 결과물을 만들어 낼 생각조차 떠오르지 않았었다. 그러다 보니 한동안 대학에서 철학을 가르치고 연구하는 일과 현장에서 사람

---

* 막달레나공동체 용감한여성연구소, 김애령·원미혜 편, 『붉은 벨벳앨범 속의 여인들』, 그린비, 2007. ; 막달레나공동체 용감한여성연구소, 『판도라 사진 프로젝트』, 봄날의박씨, 2016.

들을 만나고 이야기를 듣는 작업은 서로 겹치지 않는 '두 개의 우주'처럼 갈라져 있었다. 현장에서 했던 작업의 결과물을 가지고 두 건의 '학술적인 작업'을 완성한 것은 한참 뒤의 일이다. 그리고 그 '학술적 결과물'조차 '철학'으로 분류될 수 있는 것인지 잘 모르겠다.

그러나 현장에서 했던 모든 작업은 언제나 철학적 질문으로 이어졌다. 구술 생애사를 모으면서 분명 서사 정체성의 가능성을 확인했지만, 그보다 더 깊이 그 한계에 대한 물음이 남았다. 내가 했던 것 같은 서사 정체성의 '말하라'는 요구에 대해, 말하기와 언어의 한계에 대해, 구성된 이야기가 완결된 전체성으로 갇히지 않도록 해석을 개방해야 한다는 과제에 대해, 서사 정체성의 정치적 의미와 현실에서의 오남용에 대해, 길게 이어지는 물음들의 탐구가 '듣기의 윤리'라는 철학적 과제로 연결되었다.

여성으로, 경계에서 그리고 경계를 넘나들며 철학하기[*]

나치를 피해 미국으로 망명했던 유대인 여성 '철학자' 한나 아렌트는, 1964년 독일을 방문했다. 그때 했던 귄터 가우스 (Günter Gaus)와의 인터뷰는 TV를 통해 방송되었고, 영상 자료로도 남아 있다. 이 인터뷰에서 가우스는 첫번째 질문으로 "대

   여성철학자의 철학 이야기

단히 남성적인 일"인 철학에서 여성으로서 수행해 온 역할을 '특별한 것'으로 인식하는지 묻는다.[**] 한나 아렌트, 『한나 아렌트의 말』, 윤철희 옮김, 마음산책, 2016. 이 질문을 받자마자 아렌트는 자신은 철학자가 아니라고 강하게 부정한다. "철학도였던 것은 사실이지만", 자신이 하고 있는 일은 철학이 아니라 '정치이론'일 뿐이라고, 언젠가 철학이라는 일에 여성이 참여하게 될 날이 오겠지만, 자신에게는 아니라고 말한다.

버틀러(Judith Butler)는 2002년 발표한 「철학의 '타자'가 말할 수 있는가?」라는 글을 다음과 같이 시작한다. "이 글은 한때 철학사를 공부했던 사람으로서 쓰고 있지만, 요새 나는 다학제적인 맥락에서 더 자주 쓰고 있다. (……) 그러니 이런 이유에서든 또 다른 이유에서든 여러분이 지금 읽게 되는 글은 '철학 논문'이 아니며, 사실상 철학 분야에 속하는 논문이 아

---

[*] 이 절은, 2024년 이화여대 철학과 40주년 기념 학술행사의 발표문 중 일부를 가져온 것이다. 그때의 발표 전문은, 이화여대 철학과 학생들이 발간하는 잡지 『우리는 생각한다』 2025년호에 「"우리는 생각한다"—사유의 주체 혹은 타자, 여성의 관점에서」라는 제목으로 실려 있다.

[**] 독일의 저명한 저널리스트이자 정치인이었던 귄터 가우스(1929~2004)는 1963~1973년 서독의 공영방송(ZDF)에서 인물 인터뷰 시리즈 〈추어 페르존〉(Zur Person)을 진행했다. 이 프로그램은 당대 정치적·문화적 거물들에 대한 깊이 있는 조명으로 유명했는데, 특히 1964년 10월에 진행한 한나 아렌트와의 인터뷰는 가장 유명한 철학 인터뷰 중 하나로 손꼽힌다. 귄터 가우스는 아렌트와의 이 인터뷰로 독일 TV방송 분야에서 가장 명망 높은 상 중 하나인 '아돌프 그리메 상'(Adolf Grimme Prize)을 수상했다.

닐 수 있다." 주디스 버틀러, 「철학의 '타자'가 말할 수 있는가?」, 『젠더 허물기』, 조현준 옮김, 문학과지성사, 2015, 364쪽. "제도권 철학의 지배적인 통찰의 기준에 맞는지를 말하기는 어렵"지만, 버틀러는 "여기에 어떤 중요성이, 그리고 아마도 철학적 중요성이 있을 거"라고 말한다. 철학 논문은 아니지만, 철학적 중요성은 있는 이 글에서 버틀러는 '철학의 타자'에 대해 생각한다.

버틀러는 계속 철학을, 어떤 의미에서든 계속 철학만을 해왔지만, 어느 순간 이후 자신이 '관례화된 철학 제도', '제도권 철학'에서 배제되고 있음을 발견한다. "내가 이것을 이해하지 못하는 것이거나 그게 아니라면 여기서는 주장이 보이지 않는데, 이 모두가 아주 흥미롭기는 하지만 (……) [이것은] 분명 철학은 '아닙니다'." 주디스 버틀러, 『젠더 허물기』, 365쪽 그녀는 철학자가 아니라 젠더 이론가이거나 퀴어페미니스트 이론가일 뿐이다. 예일대학 철학과에서 페미니즘 철학 강의를 시작했을 때 강의 도중에 들어와 강의실 맨 뒤에서 선 채로 서성이다가 나간 일부 학자들은 버틀러가 "나쁜 철학을 가르치고 있는지 또는 철학을 잘 가르치고 있는지의 문제가 아니라, 나[버틀러]의 강의가 철학이기는 한 건지" 의심했다. 버틀러, 앞의 책, 378쪽 문제는 결국 "페미니즘 철학이 철학인가?"였던 것이다.

이 글에서 버틀러는 자신이 아는 거의 모든 페미니스트 철학자들이 철학과에서 일하지 않는다는 사실을 언급한

　　　　　　　　　　　　여성철학자의 철학 이야기

다. "드루실라 코넬(Drucilla Cornell), 세일라 벤하비브(Seyla Benhabib), 낸시 프레이저(Nancy Fraser), 린다 니컬슨(Linda Nicholson), 아이리스 매리언 영(Iris Marion Young)", 그들은 매킨타이어(Alasdair MacIntyre), 피터 코스(Peter Caws), 위르겐 하버마스의 제자들이다. "우리는 모두 [철학이 아닌] 다른 학제에서 전망 있는 정착지를 발견했다. 예컨대 법학, 정치학, 교육학, 비교문학, 영어학에서 말이다."버틀러, 같은 책, 383쪽 왜 그럴까? 왜 그래야 했을까? 그러나 버틀러는 그것이 패배이거나 소외라고 생각하지 않는다. 오히려 '우리', 페미니스트 철학자들이 "철학이 지속적으로 다른 영역과 접촉하게 하고 다른 인문학 분야로 철학이 학제 간 이동을 할 수 있게 길을 만들어 낸 철학적 성과"라고 자부한다.버틀러, 같은 책, 384쪽

아렌트가 말하던 '언젠가 철학이라는 일에 여성이 참여하는 날'은 왔는가? '여성철학자의 철학 이야기'가 가능해진 걸 보면, 아니라고 할 수는 없다. 그러나 누군가는 여전히 '우리'를 '철학의 바깥', 아니 '철학과의 바깥'의 철학자 유령처럼 볼지도 모르겠다. 하지만 나에게 소박하게나마 철학적 성과라는 것이 있다면, 그것은 버틀러가 통한이 아닌 자부심으로 짚어 내는, 다른 영역과 접촉하고 '학제 간 이동'을 감행하면서 길을 만들어 내는 데 있었다고 말할 수 있을 것이다.

폴 리쾨르의 『시간과 이야기』

"이야기는 일련의 견디기 어려운
사건 자체의 의미를 드러낸다."
- 한나 아렌트

"개인이 자기 자신의 실존의 유한한 한계들에 직면하게 되자마자
개인은 자신을 회상하고 시간을 자기 자신의 시간으로
만들지 않을 수 없게 된다. (……)
인간적 시간 속에서 산다는 것은 우리의 필멸성이라는 사적 시간과
언어라는 공적 시간 사이에서 산다는 것이다."
- 폴 리쾨르

소박하고 성실한 철학자

프랑수아 도스(François Dosse)는 폴 리쾨르(Paul Ricœur, 1913~
2005)를 "소박한 철학, 끊임없이 질문을 던지는 철학"을 수행
해 온 철학자로 평가한다.

"그는 30년대부터 자신의 철학적 사변을 사회 참여의 한 형태
로 간주해 왔다. 그의 철학적 여정을 살펴보면, 우리는 그가 현

  여성철학자의 철학 이야기

대 사회의 주요 이슈들에 대해 끊임없이 개입해 왔음을 알 수 있다. 그는 철학의 길이라는 것이 매우 소박하면서도 또한 얼마나 중요한 것인지, 그리고 얼마나 길게 우회해야 하는 것인지, 또한 얼마나 진정한 지적 고행을 필요로 하는 것인지를 몸소 보여 준다."프랑수아 도스, 『폴 리쾨르: 삶의 의미들』, 이봉지 외 옮김, 동문선, 2005, 11쪽.[*]

리쾨르의 철학 작업은 동시대 철학 경향들과의 끊임없는 대화이자 대결이었고, 그 대화와 대결을 통해 자신의 철학적 관심을 심화하고 변화시켰다. 그는 2차 세계대전 중 5년 동안 포로수용소에서 후설(Edmund Husserl)의 현상학을 읽고 번역했고, 1960년대 내내 구조주의와 대결했으며, 70년대를 거치면서 영미 언어분석철학과 접속했다. 각각의 대화와 대결이 곧 그의 철학적 여정의 방향을 결정했다. 그는 50년대 후설의 현상학에서 출발한 '의지의 현상학'으로 시작하여, 60년대 구조주의와 정신분석학과의 대결 과정에서 '상징의 해석학'으로, 그리고 다시금 70년대 영미 언어분석철학과 조우하면

---

[*] 도스의 평전에 그려진 리쾨르의 초상화는 "한 번도 만나 본 적이 없는 삶에 대한 인물화"이다. 평전 작업의 도움을 요청했을 때, 리쾨르는 "어떤 방식으로로건 이 일에 개입하지 않겠다"는 의사를 밝혔다. 그 뜻을 존중하여, 도스는 개인사적 자료를 전달받거나 인터뷰를 할 기회 없이 이 평전을 집필했다고 밝힌다.(프랑수아 도스, 『폴 리쾨르: 삶의 의미들』, 12쪽) 도스의 평전은 리쾨르 생전, 아직 활동 중이던 1997년에 발간되었다.

서 '텍스트 해석학'으로 이동했다. 그리고 마침내 『시간과 이야기』(*Temps et récit*, 1983~85)와 『타자로서의 자기 자신』(*Soi-même comme un autre*, 1990)이라는 철학적 성취에 도달했다. 그렇듯 "그의 사상은 본질적으로 대화적이며, 또한 항상 시대가 던지는 질문에 열려" 있었다. 도스는 리쾨르의 수용성과 겸손함, 그리고 관대함이 "그를 다른 사람들의 의견에 귀를 기울이는 철학자가 될 수 있"게 했다고 본다. 그래서 그의 철학에는 당대의 주요 사상들이 여러 형태로 흔적을 남기고 있다. 맹목적으로 어느 하나의 철학적 흐름을 따르지 않으면서도 당대의 철학적 질문을 피하지 않기 위해 그는 적지 않은 수의 문헌들을 찬찬히 읽고 촘촘히 분석하는 우회를 감수했다. 리쾨르에게 있어 '지적 정직성'이란, "영감을 준 노선뿐만 아니라, 다른 노선도 배반하지 않는다"는 원칙에 있었다.리쾨르, 『폴 리쾨르, 비판과 확신』, 68쪽.

리쾨르가 "뛰어난 수용성과 겸손함과 관대함을 지닌" 소박하고 성실한 철학자임에 분명하지만, 그는 야심찬 '대사상가'는 아니다. 또한 그의 글은 그가 대결해야 했던 레비-스트로스나 라캉, 푸코의 글과 사유가 드러내는 것 같은 매혹적인 힘을 지니고 있지 않다. 엄청난 양의 문헌과 꼼꼼한 인용을 통해 자신이 다루는 주제와 관련된 당대의 거의 모든 논의를 검토하는 작업 방식이 그의 저술을 특징짓는다. 그래서 리쾨르

     여성철학자의 철학 이야기

의 저작을 읽는 일은 차분한 끈기를 요구한다. 독창적 사상가라기보다는 성실한 주석가 같은 면모, 주류 그룹과의 거리, 그리고 미국 대학에서의 체류 등으로 인해, 리쾨르는 프랑스 지성계에서 오랫동안 온당한 인정을 받지 못했다. "프랑스 내에서 그의 명예를 회복시켜 주었던"칼 심스, 『해석의 영혼, 폴 리쾨르』, 김창환 옮김, 앨피, 2009, 28쪽. 『시간과 이야기』와 『타자로서의 자기 자신』의 출간* 이후 70대의 노년에 접어든 리쾨르는 뒤늦은 성공을 거두었고, 프랑스 지성계의 달라진 평가, 뒤늦은 인정과 경의를 누릴 수 있게 되었다.

리쾨르의 미메시스론

『시간과 이야기』에서 리쾨르는 '미메시스(mimesis)'의 재개념화를 통해 인간의 시간 경험과 이야기 사이의 관계를 탐구한

---

* Paul Ricœur, *Temps et récit I: L'intrigue et le récit historique*, Paris: Seuil, 1983.; Paul Ricœur, *Temps et récit II: La configuration dans le récit de fiction*, Paris: Seuil, 1984.; Paul Ricœur, *Temps et récit III: Le temps raconté*, Paris: Seuil, 1985. Paul Ricœur, *Soi-même comme un autre*, Paris: Seuil, 1990. 이 책들은 모두 한국어로 번역되어 있다. 폴 리쾨르, 『시간과 이야기 1: 줄거리와 역사 이야기』, 김한식·이경래 옮김, 문학과지성사, 1999.; 폴 리쾨르, 『시간과 이야기 2: 허구 이야기에서의 형상화』, 김한식·이경래 옮김, 문학과지성사, 2000.; 폴 리쾨르, 『시간과 이야기 3: 이야기된 시간』, 김한식 옮김, 문학과지성사, 2004.; 폴 리쾨르, 『타자로서 자기 자신』, 김웅권 옮김, 동문선, 2006.

다. 인간의 경험은 늘 불확실하고 분산적인 시간의 흐름이라는 조건 안에서 만들어진다. 지속할 수 없는 과거, 예측할 수 없는 미래, 인간의 의지로 통제할 수 있는 가능성 영역을 넘어서는 사건들… 시간은 경험적 사건들의 분산성, 파편성, 통제 불가능성의 이유이자 조건이다. 이러한 불안정성이 실존의 자기 이해와 안정적인 정체성/자기 동일성의 유지를 위협한다. 리쾨르는 '이야기할 수 있는 능력'이 이와 같은 위협을 통제할 수 있게 하고 그것을 하나의 의미로 주제화하여 해석할 수 있게 한다고 본다. 줄거리로 구성하여 하나의 전체성 안에 경험들을 배열할 수 있을 때, 그것을 설명하고 이해할 수 있게 된다는 것이다. 리쾨르는 이 '이야기할 수 있는 능력'을 아리스토텔레스(Aristoteles) 『시학』의 '미메시스(mimesis)' 개념으로 포착하여 설명하는 한편, 이 개념을 이야기 전후(前後)로 확장하고 재개념화하여 언어와 세계, 경험과 이야기의 관계를 해명하고자 한다.

아리스토텔레스에게 '미메시스'는 행위의 모방이자 묘사를 의미한다. 개별적인 경험적 사건들을 하나의 전체로 묶어 '줄거리 구성'*을 할 수 있는 것은 미메시스 덕분이다. 미메시스는 행위들을 하나의 줄거리로 엮어 묘사하여 이야기를 만드는 실천적 능력이다. 리쾨르는 아리스토텔레스의 미메시스를 텍스트 안에서 이루어지는 경험들의 형상화(figuration)뿐 아니

                    여성철학자의 철학 이야기

라 형상화 작업의 이전과 이후를 포괄하는 과정 전체로 이해하는 개념으로 확장한다.

먼저, 인간의 행위는 형상화되기 이전에 이미 일정한 의미론적 질서 안에 자리 잡고 있다는 사실을 밝힌다. 행위들은 이야기로 형상화되기 이전에도 이미 구조적으로 '행위의 의미론'을 담고 있어 선이해의 틀을 제공한다. 다른 한편 각각의 행위는 세계 안에서 앞서 주어진 실천의 상징적 요소들에 의해 매개되어 있다. 따라서 손을 들거나 고개를 숙이는 것 같은 작은 행위들도 그저 물리적인 동작이나 고립된 움직임이 아니라, 구체적인 상징 맥락 안에서 의미와 기능을 지닌 것으로 해석되어 받아들여진다. 그런가 하면 모든 행위는 이미 시간적 질서 안에 자리매김되어 있다. "어떤 식으로건 이미 상징적으로 구조화되어 있지 않은 실천이란 있을 수 없다." 커니, 「폴 리쾨르—언어의 창조성」, 『현대 사상가들과의 대화』, 106쪽. 리쾨르는 이와 같은 행위의 의미론, 상징, 시간성과 같은 '선이해의 구조'를 '미메시스 1'의 '전형상화(prefiguration)'로 규정한다. 인간의 행위는 언어로 형상화되기 이전에도 이미 이야기의 잠재력을 함축하고 있다.

---

* 리쾨르는 아리스토텔레스의 뮈토스(mythos)를 영어 번역어 'plot'을 따라 '줄거리 구성(mise en intrigue)'이라고 번역한다. 아리스토텔레스에게 뮈토스는 개별 행위들을 결합하고 논리적이고 시간적인 연속에 의거하여 질서 짓는 행위를 말한다.

미메시스 1의 가능성은 형상화 활동을 통해 텍스트의 세계로 들어간다. 미메시스 2는 개별 사건들의 다양한 경험적 내용들을 하나의 스토리로 엮는 형상화 활동을 말한다. 이야기가 하나의 스토리를 갖는다는 것은 단순히 사건들을 열거하는 것 이상의 의미를 지닌다. 줄거리를 구성하여 하나의 스토리로 엮는 것은, 행위자·목적·수단·상호작용·배경·의외의 결과 등과 같은 이질적 요소들을 하나의 통일적 전체로 정돈하는 것을 의미한다. 미메시스 2의 형상화를 통해 이야기는 시작과 중간 그리고 끝을 갖는 완결된 시간 통일체를 구성한다. 시간의 연쇄는 끝이 없지만, 이야기는 줄거리 구성을 통해 시작과 끝을 갖는 닫힌 통일성을 갖게 된다. 미메시스 2의 형상화는 개별 사건들을 스토리로, 이절적 요소들을 통일성으로, 에피소드적 시간을 통합된 시간으로 정돈하고 질서 지어 주고 주제화하는 활동이다. 그리고 주제화를 통해 사건과 경험은 '이해할 수 있는 것'이 된다.

이렇게 만들어진 이야기는 다시금 경험 세계의 일부로 세계에 던져진다. 미메시스 3은 텍스트의 세계와 독자의 세계 사이의 교차점에서 벌어지는 재형상화(refiguration) 활동이다. 리쾨르에 따르면, 줄거리 구성은 텍스트와 독자의 공동작품이다. 텍스트는 읽힐 때에만 온전한 의미를 획득할 수 있기 때문이다. 텍스트는 읽히기 전까지는 그저 의미화의 잠재적 가능

여성철학자의 철학 이야기

성에 불과하다. 텍스트를 세계 안에 다시 살려 내는 재형상화 활동을 통해 언어 텍스트는 다시금 경험 세계의 일부가 되어 그 세계를 변형할 수 있다. 재형상화는 텍스트를 새롭게 되살릴 뿐 아니라 텍스트가 속한 세계의 변화를 추동한다. 그렇게 세계는 이야기를 통해서 확장된다.[*]

서사 정체성 이론의 가능성과 한계

『시간과 이야기』의 성취는 이후 『타자로서의 자기 자신』에서 탐구하게 될 윤리적 삶의 문제로 이어지는 매개로서 '서사 정체성(narrative identity)'의 개념화이다.[**] 리쾨르는 3권까지의 저술을 끝마치고 후에 붙인 '결론'에서 '서사 정체성' 개념을 다음과 같이 정의한다.

　　"한 개인이나 공동체의 정체성을 말한다는 것은, 누가 그런 행

[*]　리쾨르의 재형상화 논의는 텍스트 이론에 정향되어 있다. 그러나 읽기를 통한 텍스트의 활성화라는 재형상화의 활동은, 듣기/경청을 통해 이야기를 활성화하는 청자의 활동에도 적용할 수 있을 것이다.

[**]　리쾨르는 편집자인 프랑수아 발(François Wahl)의 제안으로 결론을 덧붙이기 위해 자신의 책을 재독하다가, '서사 정체성' 개념이 이 연구의 중요한 소득이라는 사실을 발견하게 되었다고 말한다.(폴 리쾨르, 『폴 리쾨르, 비판과 확신』, 174쪽.)

동을 했는가? 누가 그 행동 주체이고 당사자인가? 하는 물음에 답하는 것이다. (……) '누가?'라는 물음에 답한다는 것은, 아렌트가 역설했듯이, 삶의 스토리를 이야기하는 것이다. 이야기된 스토리는 행동의 누구를 말해 준다. '누구'의 정체성은 따라서 서술적[서사] 정체성인 것이다."리쾨르, 『타자로서 자기 자신』, 471쪽.

리쾨르는 서사 정체성 개념을 통해, 이야기를 엮어 경험을 의미화하는 작업이 개인과 공동체에게 주는 힘과 가능성을 주장한다. 이야기를 통해 경험을 교환하고, 가치 있는 삶을 지향할 수 있다. 리쾨르에 따르면, "사람들에게 기억을 되돌려 주는 일은 그들에게 미래를 되돌려 주는 일"이다. "과거는 지나간 것이 아니다. 우리의 미래는 바로 우리가 이야기적 동일성을 소유할 수 있는 능력, 과거를 역사적이거나 허구적인 형식으로 상기할 수 있는 능력에 의해 보증되기 때문이다."커니, 「폴 리쾨르—언어의 창조성」, 『현대 사상가들과의 대화』, 311쪽. 또한 서사는 단지 경험을 종합하고 자기 삶의 의미를 해석하고 전달할 수 있게 하는 기능만 갖는 것이 아니다. 리쾨르에 따르면, 모든 이야기는 윤리적 가치를 함축한다. 따라서 자기 서사는 자신의 삶에 대한 해석이자, 자기 평가의 수행이기도 하다. 그리고 그것은 곧 '좋은 삶'이라는 윤리적 목표를 향한 삶의 조건이기도 하다.

리쾨르는 우리는 이야기를 통해 분산적인 경험을 통합하

                        여성철학자의 철학 이야기

여 의미화함으로써 정체성을 구성하며, 기억하고 기억될 수 있는 역사를 갖게 된다고 주장한다. 그러나 이러한 통합적 서사 정체성 이론은 서사의 한계에 대한 비판, 즉 이야기가 과연 극한 상황에서의 참혹한 경험을 타인에게 전달할 수 있을까라는 회의를 피할 수 없다. 오카 마리(岡眞理)는 『기억·서사』김병구 옮김, 소명출판, 2003. 라는 책*에서 전쟁, 학살, 추방 등과 같이 상흔(trauma)을 남기는 폭력적 사건에 노출되었던 개인들이 스스로도 납득할 수 없는 자신의 경험을 이야기를 통해 타인과 나눌 수 있을지 묻는다. 폭력으로 파편화된 경험들이 하나의 서사가 될 때, 그것은 국가주의와 같은 이데올로기에 의해 포획되어 왜곡될 위험에 처한다는 것이다. 경험의 실체는 사라지고 주어진 서사적 틀 안에서 하나의 해석이 개인과 집단을 지배하면서 유포되기도 한다. 이 과정에서 경험적 실체는 망각되고, 개개인의 서로 다른 기억은 부정된다. 오카 마리는, 언어는 체험의 모든 측면을 말하기에 부족하고, 이야기는 벌어진 사건을 일정한 서사 틀 안에 가두게 됨을 지적한다. 그녀는 이야기와 경험, 언어와 사건 사이의 건널 수 없는 심연을 직시한다.

* 오카 마리는 이 책에서 나치의 유대인 학살(홀로코스트), 팔레스타인 난민 학살과 추방, 일제하의 군 위안부 동원, 지진 등의 자연 재해로 인한 참사 등의 사건이 다양한 소설, 인터뷰, 다큐멘터리, 영화, 보고문 등의 서사들에서 어떻게 전달되고 있는지, 그리고 독자이자 청자인 우리는 그 서사들을 어떻게 전달받고 있는지 분석한다.

이 서사의 한계에 대한 문제제기에 직면하여, 리쾨르의 서사 정체성 이론은 어떤 답을 줄 수 있을까? 리쾨르의 서사 이론은, 아무리 표현 가능성을 뛰어넘는 극단적인 사건일지라도 언어화로의 길이 차단될 수는 없다는 희망과, 이야기가 경험의 다층성과 다면성을 고스란히 담아낼 수는 없다 할지라도 경험을 닫힌 구조 안에 가두지 않을 수 있다는 믿음을 재구성한다. 리쾨르의 이야기 해석학에서 도입된 미메시스 이론이 이 탐색의 길잡이가 된다. 이 길잡이를 따라가다 보면, 해석 작업은 고정된 의미의 발견이 아닌 열린 의미화 과정 자체라는 사실이 드러난다. 리쾨르는 "경험 세계 자체가 이미 이야기의 구조를 가지고 있다"는 논제와 "서사 텍스트는 닫힌 의미구조가 아닌, 열린 해석적 작업을 통해서만 활성화될 수 있으며, 해석을 통한 텍스트의 재활성화는 새로운 사건으로 경험 세계에 기입된다"는 논제를 통해 이러한 가능성을 확인한다. 이 논제들을 가지고, 경험 이야기는 고정된 틀이 아닌 사건과 경험을 추적하는 '흔적'으로서 해석 대상이 될 수 있음을 설득할 수 있을까?

짚어야 할 또 다른 한계는, 리쾨르의 서사 이론이 언어를 둘러싼 권력의 문제에 둔감하다는 점이다. 언어가, 이야기가, 줄거리 구성이, 결코 현실의 상징과 담론 권력으로부터 자유로운 능력으로 상정될 수 없다는 사실, 어떤 이야기든 권력의 차이와 편파성을 돌파해야만 한다는 사실을 충분히 섬세하게 다루지 않은 채, 서사 정체성의 힘과 가능성에 대해 주장할 수 있을까?

아도르노,
고통에 대한
변증법적 성찰

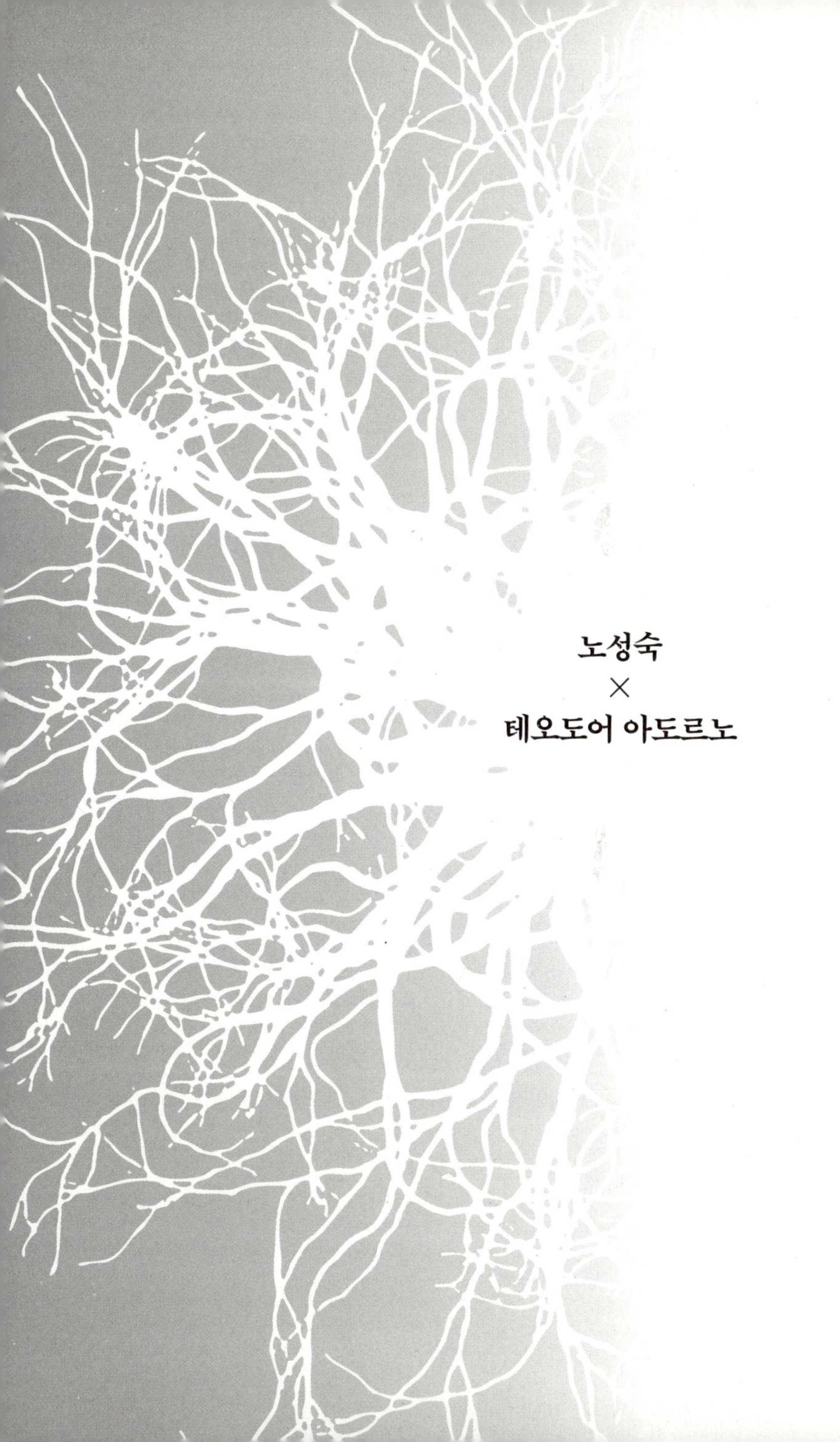
노성숙
×
테오도어 아도르노

내가 만난 철학, 철학상담의 길

철학에 매료된 첫 계기

철학에 대한 나의 개인적인 관심이 과연 언제 시작되었을지를 돌아보자니 뇌리에 깊게 남아서 떠오르는 장면이 있다. 아마도 중학교 1학년이었던 것으로 기억하는데, 우리 집의 옆 골목에 살던 친구와 대화를 나누다가 그 친구가 사용한 "철학"이라는 단어를 처음 들었다. 내게는 늘 어른스럽게 느껴지던 친구가 말한 것이라 뭔가 멋있어 보였고 귓가에 솔깃하게 다가왔다. 집으로 돌아오자마자, 나는 아버지께 그 단어의 의미를 여쭤 보았다. 이제 돌이켜 보니, 평소 철학자 안병욱의 에세이를 즐겨 읽으셨던 아버지도 다소 당황스러우셨는지, 『국어사전』

  여성철학자의 철학 이야기

을 가지고 오라고 하셨다. 그러고는 그 사전에 나오는 "철학"
이라는 항목을 함께 읽어 보았지만, 내게는 별반 그 의미가 와
닿지 않았다. 친구가 얘기할 때는 매우 멋져 보였는데, 사전에
적힌 철학이라는 단어의 의미는 내게 다소 건조하고 멀게만
느껴졌다. 그럼에도 철학이라는 세계가 뭔가 분명하지는 않았
지만, 어떤 다른 차원의 심오함을 담고 있다고 여겨졌다.

청소년기에 접어들면서 나는 문학이라는 우회로를 통해
서 더욱 깊게 철학에 매료되었다. 중학생 시절 학교로부터 도
피하여 숨 쉴 수 있었던 유일한 장소는 학교와 집 사이에 방문
하는 붓글씨 학원이었다. 붓글씨를 배우는 게 좋았다기보다는
초등학교 동창이었던 친구와 함께 얘기하며 노는 게 좋아서였
다. 또 붓글씨 학원이라는 공간 자체가 왠지 좋기도 했는데, 아
마도 시인이자 기자이셨던 친구의 아버님이 붓글씨 학원 원장
님과 친구이셔서 자주 학원에 오셨고, 두 분의 문학적 풍류와
여유가 배어든 그 공간의 느낌을 좋아했던 것이 아닌가 싶다.
왠지 그 공간에서 나는 문학을 좋아하는 그 친구와 책을 읽고
이야기하는 게 즐거웠다.

특히 『데미안』이라는 책을 읽고는 마치 일기장을 다른 사
람에게 보여 주는 것 같은 충격을 받았다. 한편으로는 나만의
고유한 내면세계를 다른 사람들도 느낄 수 있다는 점에서 공
명의 위로도 받았고, 다른 한편으로는 그런 감정과 표현을 나

혼자만 보는 일기장이 아니라 누구나 다 읽을 수 있는 책으로 펴낼 수 있다는 사실도 놀라웠다. 더 나아가 내 내면의 투쟁이 '선과 악'이라는 두 도덕적 차원에 맞닿아 있다는 게 신기하게 느껴졌다. 그리고 종교와 철학이라는 뭔가 새로운 정신세계를 만난 것 같은 심오함에 이끌렸다.

싱클레어처럼 알을 깨고 나오려는 용기를 내기 위해서, 기존의 가치를 깨고 새로운 가치체계를 정립해야 한다는 원의를 가지게 되면서 니체의 『차라투스트라는 이렇게 말했다』를 읽기 시작했다. 그러던 어느 날 자습 시간에 지나가시던 선생님이 내가 읽고 있는 책을 낚아채시면서 앞의 제목을 보시더니, 머리를 툭 치시면서 "이걸 네가 이해한다구?" 하셨다. 물론 이해하지는 못했다. 하지만 한밤중에 그 책의 "밤의 노래" 부분을 읽으면서 느꼈던 샘솟는 생명력은 지금도 생생하게 남아 있다.

학부와 대학원에서 전공으로 배운 철학

내가 철학을 전공으로 하겠다고 했을 때, 철학에세이를 즐겨 읽으시던 아버지조차도 그래도 문학이나 신문방송학과는 어떠냐고 회유하셨다. 내가 물러날 기세가 아닌 것을 눈치채신 아버지는 "그래, 그럼 박사까지 해라!"라며 아쉬움을 건네셨다. 물론 내가 정말로 박사까지 할 거라고는 전혀 생각지도 않으셨었다.

이화여대의 철학과에 입학해서 막상 철학 수업을 들으면서는 내가 생각했던 철학이 아니어서 갸우뚱했다. 내가 대학 다닐 당시에는 영미 분석철학*이 유행이었고, 다니던 학교와 신촌 일대의 분위기는 분석철학의 메카라고 할 정도였다. 그 당시 첨단 철학을 배우면서도 내가 청소년기에 가졌던 철학과는 사뭇 분위기가 달라서 내심 실망이 컸다.

그리고 철학을 전공으로 하게 되면, 늘상 뒤흔들리는 내면의 파도가 잠잠해지고 더 이상 흔들리지 않는 바위처럼 단단해지고 평온한 삶을 살 수 있을 줄 알았다. 또 내면세계만이 아니라 외부세계에서 벌어지는 다양한 사태에 대한 판단 기준이 명확해지고 결단력도 생겨서 일상을 살아가는 데에 더 이상 큰 어려움이 없을 줄 알았다.

그런데 내가 대학 다니던 시절은 소위 대학생들이 '운동'을 통해서 사회적 실천을 요구받던 때였다. 그런 강의실 밖의 풍경과 달리 강의실 안에서 배우는 '일상언어에 대한 분석', '심리철학', '과학철학' 등은 그 사변적 내용이 실제의 현실과 매우 모순적으로 다가왔다. 물론 내가 흥미를 느낀 과목이 없

---

* 분석철학은 20세기 이후 영국·미국 등 영어권에서 주류를 이룬 철학 전통으로, 주로 언어와 논리를 정밀하게 분석하는 방법을 통해 철학 문제를 다루는 입장을 가리킨다.

었던 것은 아니다. 당연히 '실존철학', '문학철학' 등을 재미있게 들었고, 위낙 독문학을 좋아해서 독문과 과목들을 수강했었다. 이 외에도 선배를 통해서 배우는 또 다른 철학 공부가 매우 흥미진진했었는데, 아직 정식으로 출간되지 않아서 손 글씨로 된 마르크스의 『자본론』이나 '역사적 유물론'에 대한 글을 함께 학습하고 토론했다.

무엇보다 가장 좋았던 것은 그것이 분석철학이든, 실존철학이든, 마르크스 철학이든 함께 토론하고 고민하는 친구, 선후배가 있었다는 사실이었다. 비록 서로 구체적인 관심과 삶의 방식은 달랐을지라도 공강 시간에 커피를 마시며, 혹은 밤늦게까지 잔을 기울이며 열정적으로 나누었던 토론의 그 자유로운 분위기는 지금도 소중한 '철학함'의 마중물로 남아 있다.

철학을 이론적으로 배우면서도 또는 소극적인 실천에 괴로워하면서도 늘 뭔가 공부가 부족하다는 느낌이 내게 남아 있었고, 학부 시절에 몰두하지 못했던 공부를 철학의 본고장처럼 여겨지는 독일에서 본격적으로 더 해보고 싶었다. 학부를 마치고 유학길에 오르고 싶었으나, 급작스럽게 재정적으로 어려워진 집안 사정으로 인해 대학원에 진학했다.

돌이켜보자면, 나의 대학원 시절은 경제적인 압박으로 인해 아르바이트하느라 시간이 없었고, 이에 비례해서 공부에 대한 목마름은 더욱 커질 수밖에 없었다. 대학원에서 만난 '김

여성철학자의 철학 이야기

재권', '크립키' 등의 분석철학을 통해서 학부 시절과는 달리 논변의 정교함을 배울 수 있었고, 오히려 새로운 흥미를 느꼈다. 또한 전혀 다른 색깔을 지닌 '하이데거'의 존재론을 접하면서 유럽 철학의 매력에 한껏 빠졌다. 20세기 소위 '언어적 전회'* 이후 양 갈래 철학적 경향의 '언어'에 대한 견해를 접하면서, 나는 그 이후 공부를 위한 기초공사를 다질 수 있었고, 매우 상반된 경향이지만 비트겐슈타인과 하이데거의 사상을 비교하는 연구를 하고 싶다는 열망까지 품게 되었다. 결국 그 열망의 절반에 해당하는 연구, 즉 '하이데거의 진리'라는 주제의 연구만으로 석사과정을 마무리했다. 그 와중에 내가 개인적으로 오랫동안 지녀 온 '진리'에 대한 관심이 철학의 분야, 즉 논리학이나 인식론에서의 참, 거짓을 가리는 것이 아니라 '실존적 진리'였다는 점을 확인할 수 있었다.

독일 박사과정 동안 철학공부의 심화

독일 프라이부르크 대학은 하이데거가 학생으로 성장했고, 교수이자 학장까지 지낸 곳이어서 흔히 '하이데거의 유령'이 떠

---

* '언어적 전회'란 20세기 초 서양철학에서 일어난 주요한 방향 전환으로, 철학의 근본 문제를 언어와 그 사용, 언어와 세계의 관계로 재설정한 것을 가리킨다.

다닌다고 할 정도로 전 세계에서 하이데거를 공부하려면 꼭 한번 들르는 유서 깊은 곳이다. 나는 이화여대에서 박사과정 한 학기를 한 뒤 한국을 떠나 독일 유학길에 올랐는데, 그 당시 석사과정 동안 공부할 여건이 되지 않았기에 더더욱 출국 시 아무런 미련도 없이 그저 공부에 대한 갈망으로 가득 차 있었다. 박사학위를 마친 후에 어떤 삶을 살아갈지는 일단 집중적으로 공부를 해본 다음에 결정할 일이었다. 프라이부르크 대학에서 제공하는 한 학기 동안의 어학 공부를 마치고 나서, 다행히도 독일가톨릭장학재단(KAAD) 장학금까지 받게 되자 정말로 공부에 집중할 수 있는 시간이 찾아왔다. 그 이전까지는 공부의 힘듦을 다른 주변 환경 등의 탓으로 돌릴 수 있었을지 모르지만, 이제는 본격적으로 공부 그 자체가 가장 힘들었다.

흔히들 유학 시절에 나처럼 경제적으로나 심리적인 압박감에 힘들어하곤 하지만, 그럼에도 유학의 가장 큰 장점은 공부에 집중하며 다른 모든 것에서 거리를 취할 수 있다는 점이 아닐까 싶다. 프라이부르크 대학은 전공 이외에 두 가지 부전공이 필수여서 사회학, 그리고 신학부에 속하는 종교철학을 부전공으로 하면서 그 분야의 교과목을 가장 먼저 수강해서 학점을 따야 했다. 그전까지 철학만을 공부해 오던 나는 특히 사회학과 에스바흐(W. Eßbach) 교수님의 강의와 세미나에서 정말 많은 것들을 배웠다. 예를 들어, 구쪼니(U. Guzzoni) 교수

 니싱질학사의 철학 이야기

님의 철학 세미나에서는 헤겔의 『정신현상학』 서문만을 한 학기 내내 다루었지만, 사회학 전공 강의나 세미나에서는 한 한기 동안 여러 저자의 책을 주제별로 한꺼번에 다루었다. 그 정보량과 정보를 다루는 방식이 철학 전공 교과목에서와 사뭇 달랐다. 그런데 그 많은 정보를 배우는 강의 방식이 내게는 오히려 신선하게 다가왔다. 종교철학은 하이데거의 영향을 많이 받은 카스퍼(B. Casper) 교수님의 강의를 들으면서 철학이 신학과 만나는 지점에 대해 좀 더 깊이 사유할 기회를 얻었다.

그런데 정작 어떤 주제에 대해 박사논문을 쓸 것인가를 결정하는 데에는 많은 고민이 필요했다. 물론 제일 먼저 석사논문의 주제였던 하이데거 사상을 심화시키기 위해서, 한국에서 소개받은 하이데거 사상의 권위자 폰 헤르만(F-W. von Herrmann) 교수님의 수업에 들어갔다. 거의 동양인들로 꽉 찬 교실에서는 강의가 아닌 세미나였음에도 교수님 주도의 강의가 진행되었는데, 마치 종교적 설교를 듣는 것 같은 조용하고도 권위적인 분위기였다. 그 경험이 첫 철학 세미나 참여이어서 독일에서의 세미나는 모두 그런 줄 알았다.

그런데 하이데거 성지였던 프라이부르크에서는 하이데거 사상에 대한 세미나가 다채롭게 제공되었다. 그래서 나는 또 다른 하이데거 권위자 구쪼니 교수님의 수업에도 들어갔다. 그런데 그 수업에서는 앞선 하이데거 수업과는 매우 다르게 자유로운 분위기의 토론이 활발히 진행되었다. 처음에 외국인으로서 잘 알아듣지 못할 때는 오히려 전자의 수업을 따라가는 게 쉬운 듯 느껴졌지만, 그럼에도 나는 독일 친구들이 훨씬 더 많이 참석하고 비판적이고 자유로운 토론이 활발했던 후자의 수업에 이끌렸다.

장학재단에 연구계획서를 작성해서 제출해야 하는 압박감 속에서 나는 서구철학자 스스로 전통적인 서구철학을 비판하는 지점을 명확히 하고 싶다는 생각이 들었다. 하이데거도 한 축이 되지만, 다른 한 축으로 그곳에서 세미나를 들으면서 접했던 아도르노 사상에 강력하게 끌렸나. 물론 지도교수이셨던 구쪼니 교수님의 영향도 컸다. 교수님은 하이데거의 후임자였던 베르너 막스(Werner Max)의 후임이셨고, 하이데거의 직제자였으며, 아마도 철학 분야에서 프라이부르크 대학 최초의 여성 교수님이기도 했다.

구쪼니 교수님의 강의, 세미나, 그리고 박사과정 콜로키움은 현대 독일철학에서 기존의 형이상학, 동일성 철학, 계몽주의 사상 등을 벗어나려는 경향이 컸고, 비판적 사유와 새로운 '철학함'의 단초를 찾으려는 꾸준한 시도로 이어졌다. 방학 때는 구쪼니 교수님의 공부방이 있는 이탈리아 북부의 몬타레토(Montaretto)에서 일주일, 혹은 열흘 동안 숙식을 함께하면서 학기 중보다 더 집중적인 박사과정 콜로키움이 진행되었다.

교수님과 열 명 남짓의 박사과정생들이 하나의 주제를 가지고 온종일 집중토론을 했고, 때론 책을 읽고, 음미하고, 먹고, 마시고, 사유했다. 유일한 외국인 참여자였던 나는 하루 종일 진행되었던 토론에 쫑긋 귀 기울여 듣고 참여하다 보면, 저녁이 되어 와인을 마시며 편하게 얘기하는 시간조차 오히려 더 체력적으로 힘들게 느껴졌다.

몬타레토에 있는 교수님의 집 1층에는 주방 옆에 우리가 모여 세미나도 하고 식사도 했던 넓은 테이블, 그리고 겨울에는 낮에 모아 온 솔방울을 태우곤 했던 페치카가 있었다. 때로 이해할 수 없는 사태에 부딪히거나 더 이상 나아갈 언어를 찾지 못해 사유가 막혔을 때 그 정체된 순간, 페치카 안에서 타오르던 불꽃은 고요한 침묵 속에서 자유로운 방향으로 퍼져 나가면서 우리들의 대화에 새로운 활력을 불어넣어 주었다. 낮에는 주로 3층의 선생님 책상 옆 넓은 테이블에서 토론을 했는데, 가끔씩 시선을 돌려 창문 너머 멀리 바라보이는 바다의 풍광은 호수처럼 잔잔한 평화로움을 담고 있으면서 좀 더 넓고 확장된 지평으로 나아가도록 우리를 이끌었다.

그 당시에 구쪼니 교수님의 철학적 주제는 '자연', '비-동일성 사유', 그리고 하이데거와 선불교의 연관성에서 비롯된 일본의 '하이쿠' 등에 대한 것이었고, 교수님은 아리스토텔레스, 헤겔, 특히 하이데거와 아도르노를 오가면서 서구에서 깊숙이 내려오던 전통적 사유와 서구 중심의 근대성을 비판하고 새로운 사유를 하고자 시도했다. 나는 이러한 학문적 배경과 주제를 탐구하시던 구쪼니 교수님의 논문 지도를 받으면서 하이데거 사상에 대해 접할 기회가 많았지만, 정작 하이데거가 아닌 아도르노의 계몽비판에 대해 박사논문을 썼다. 아쉽게도 그 안에 하이데거는 한 줄도 인용한 게 없고, 당연히 참고문헌에도 하이데거는 등장하지 않는다. 그러나 그때 공부했던 하이데거 사상이 나중에 철학상담으로 방향을 선회하고 나서 많은 도움이 되었다.

철학을 포기하려다 만난 철학상담

박사학위가 끝나고 한국에 돌아와서 약 8년 정도 시간강사와 연구원 생활을 하며 구직 활동을 했다. 열심히 논문을 쓰고 실력을 닦으면 교수가 될 수 있으리라고 막연하게 생각했었는데, 한국에서 현실은 정말로 녹록지 않았다. 교수 임용의 최종 과정까지 갔다 고배를 마시기를 여러 번 반복하자, 정말로 깊은 좌절감이 찾아왔다. 어느 푹푹 찌는 여름날, 아예 강단에서 교수가 되기를 포기하려는 마음의 결정을 내리기 위해 잠시 수도원에 들어가서 아주 조용한 나만의 시간을 가졌다. 그런데 우연히 들고 들어간 책이 내 삶의 경로를 송두리째 바꾸었

여성철학자의 철학 이야기

다. 그 한 권의 책은 철학상담을 한국에 처음으로 소개한 루 매리노프(Lou Marinoff)의 『철학으로 마음의 병을 치료한다』이종인 옮김, 해냄, 2000였다. 그 책을 읽으면서 갑자기 눈이 번쩍 띄었다. '내가 지금까지 공부해 온 철학을 가지고 강단에서만이 아니라 일상적 삶의 현장에서 새로운 쓰임이 있을 수 있다'는 느낌이 들면서 그야말로 절망의 심연에서 고개를 들어 한줄기 희망의 빛을 발견했다.

나는 오늘날 철학상담을 창시했다는 아헨바흐(Gerd B. Achenbach)가 살아 있는지 어디서 무얼 하고 있는지가 궁금했다. 그런데 그 책의 맨 마지막 부록에 아헨바흐 박사님의 연락처가 나와 있었다. 나는 곧바로 이메일을 보냈고, 전화 통화도 했으며, 마침내 그분이 처음으로 개설했던 '철학상담자 전문가과정'의 기초과정과 심화과정을 이수하기에 이르렀다. 철학상담자 전문가과정에서 유일한 외국인이었던 나는 여러모로 많은 어려움을 겪었다. 독일을 오가면서 참여하느라 경제적으로나 체력적으로도 쉽지 않았다. 그렇지만 짧게는 주말 블록 세미나, 길게는 일주일, 열흘 동안 유럽 전역의 특별한 장소에서 숙식을 함께했던 철학상담자 전문가과정의 집중적인 교육을 포기하고 싶지 않았다. 그래서 아예 1년은 독일 쾰른에서 지내기로 했고, 철학상담 전문가과정 이외에도 아헨바흐 선생님이 일반인들을 위해 개설하시는 세미나와 워크숍에도 부지

런히 참석했다. 참석자들은 의사, 약사, 심리치료사, 철학자, 신학자, 교사, 종교인, 예술가, 정치가, 출판인 등 다양한 직업을 가졌고, 20대 대학생부터 80대에 이르는 다양한 세대에 속했다. 아헨바흐 선생님은 철학책뿐만 아니라, 문학을 통해서도 철학적 사상과 인간의 삶에 대한 접촉 지점을 만들어 내셨고, 그와 함께 철학적 주제에 대해 일상에서의 고민과 연결시키도록 이끌었다. 그리고 때로는 음악회, 전시회, 박물관, 영화 등을 함께 경험하면서 서로 자유롭게 대화할 수 있는 기회를 제공했다.

철학상담 전문가과정과 일반인들을 위한 다채로운 철학상담 프로그램에서 다양한 사람들을 만났고, 그들과 함께 나누는 대화를 통해서 나는 '철학함'을 새롭게 경험했다. 지금까지 공부해 온 철학을 바탕으로 할 수 있어서 좋았고, 그러면서도 대학에서의 학위과정과는 전혀 다른 차원에서 사람들과 함께 교제하고 대화하며 느끼는 즐거움과 충만함, 그리고 새로운 길을 열어 가는 설렘을 경험했다.

철학상담을 통해 꾸는 꿈─더불어 철학함

독일에서 철학상담을 공부하는 과정은 철학을 새롭게 재충전하는 시간이었던 반면에, 한국에 다시 돌아와서 맞이한 현실

   여성철학자의 철학 이야기

은 그저 황량한 황무지에 나 홀로 남겨진 것 같았다. 다행히도 '인문학'을 기반으로 하는 새로운 상담 교육을 시도하려는 한 국상담대학원대학교를 만났고, 그곳에서 4년 동안의 첫 교학처장을 하면서 학교의 기본 틀을 잡는 데 주력했다. 대학원대학교로서 석박사과정을 위한 형식적인 제도들과 틀만이 아니라 내용적인 면에 철학상담의 전공을 위한 커리큘럼을 기획했다. 철학상담을 두 가지 방향으로 기획했는데, 한편으로 일반적인 상담자를 위한 교육의 가장 기초단계에 철학적 인간 이해를 돕는 일종의 '철학상담' 교양교육, 다른 한편으로 심리상담 및 심리치료와 철학에 대한 기본적인 이해를 기반으로 하는 새로운 '철학상담' 전공교육이었다. 철학과 심리상담 및 심리치료의 전문영역 사이에서 '철학상담'이라는 새로운 전문영역을 개척해야 하는 과제는 지금까지도 여전히 도전 중이다.

그런데 '상담'이라는 것이 단지 병리적 차원만이 아니라 '인간'의 전인적 차원에서의 성숙을 돕는 것이라고 할 경우, 심리상담 및 심리치료와 철학은 서로를 아는 것이 필요할 뿐 아니라 이를 통해 오히려 차별화하는 것이 요구된다. 전문가 시대에 좁은 울타리의 전문성이 경쟁력이기도 하지만, '철학'은 분과학문의 배타적 경계 설정이 장점이 될 수 없기에, 더더욱 철학상담은 기존의 '철학', '상담'이라는 각각의 전문적 경계 안에서만 그 활동 영역을 찾을 수는 없을 것이다.

예를 들어서 철학상담과 관련해서 내게 중요한 철학적 주제 중의 하나는 '고통'이다. 개인이 겪는 고통에 대한 이해는 '자기실현'이나 '주관적 안녕감'의 심리학적 차원만이 아니라 개인과 시대의 맥락을 총체적으로 읽어 내는 '철학적' 작업으로 심화될 필요가 있다. 따라서 기존의 심리상담과 심리치료에서 '고통'을 개인의 몸 혹은 성격 등과 연관하여 병리적으로 설명하는 것과는 달리, 철학상담은 개인의 고유성을 하나의 통합적 인격체로서 충분히 수용하면서도 이를 사회적 공동체, 그리고 인간으로서의 보편적 차원과 연관시켜서 철학적으로 이해하도록 도울 수 있다. 그리하여 벗어날 수 없을 운명처럼 경험되는 '고통'에 대해 좀 더 심도 있게 수용하고 이해함으로써 깊은 '철학적' 위로를 건넬 수 있다.

독일에서 만나 박사과정 내내 그리고 척박한 한국 사회에서 각자의 철학적 주제에만 매몰되지 않고 꾸준한 토론으로 '철학함'의 활기를 나눌 수 있도록 중세철학 전문가인 배우자를 동지로 얻은 것은 철학이 내게 준 행운이었다. 그와 함께 '삶을 통해 실천되는 철학', 이론보다도 현장에서 실제 삶에 도움을 줄 수 있는 '철학상담'을 위해 각자의 석박사 학생들과 함께 〈생각사이-다〉라는 집단 프로그램을 개발했다. 사랑, 자유, 정의, 행복 등 철학적 주제를 중심으로 우선은 고등학생을 대상으로 하는 프로그램으로 시작해서, 이제는 초등학생, 중학생, 학교 밖 청소년, 대학생, 청년, 성인 등으로 참여 대상을 확대해 오고 있다.

돌이켜 보자면, 내가 철학에 매료되어 자라오면서 알게 모르게 흡수했던 철학적 자양분, 철학을 전공으로 공부하면서 성장할 수 있었던 그 이론적 깊이, 철학상담을 통해 많은 사람과 나눈 다채로운 대화의 넓이가 온통 내 삶의 '철학함'에 스며들어 있다. 그런데 철학에 매료된 첫 순간부터 나의 '철학함'에는 늘 함께하는 사람들이 있었다. 아무리 심오한 철학책일지라도, 아무리 멋진 철학자라고 하더라도 그에 대해, 혹은 그의 책에 대해 함께 대화하고 토론하며 나누는 동지, 선후배, 동료, 지인들이 없었다면, 그 모든 지식은 그저 건조한 논리와 양적인 정보로만 남아 있었을 것이다. 지금 철학상담자로서 내가 꿈꾸는 바는 '이웃들과 더불어 철학함'을 통해 즐겁게 대화하고 그 풍요로움 속에 조금씩 세계를 밝고 행복하게 가꾸어 가는 것이다!

상처 입은 개인의 삶과 사회적 고통을 철학적으로 사유한 사상가 아도르노

철학상담의 관점에서 본 아도르노

아도르노(Theodor W. Adorno, 1903~1969)의 삶과 사상을 소개한다면, 과연 어디서부터 시작할까? 언제나 고정불변인 아도르노 사상이라는 진리가 있는 것도 아니고, 또한 있다고 하더라도 어떤 시대 맥락의 그릇에 담는가에 따라서, 혹은 어떤 관점으로 볼 것인가에 따라 다를 것이다. 오늘날의 맥락과 필자의 문제의식으로부터 아도르노의 삶과 사상을 새롭게 소개해 보고자 한다.

현대인들은 그 어느 때보다 건강에 대해 많은 관심을 지니고 있다. 비단 근육을 통한 몸만들기 열풍만이 아니라 개인의 스트레스 관리와 정신건강에 대해서도 꾸준히 관심이 증가하는 추세다. 이에 발맞춰서 심리치료는 현대인의 정신건강을 위해 널리 알려져 있으며, 뒤늦게 다시 등장한 철학상담도 그 대안적 활동으로 자리매김해 가고 있다. 이미 많은 정신의학자나 심리치료사가 특히 '소크라테스의 대화'를 치료에 적용하고 있으며, 철학상담은 사유를 통해서 인간의 고통을 성찰함으로써 기존의 심리치료와는 차별화된 치유적 대화의 기회를 제공하고 있다.

소크라테스는 아테네의 길거리, 광장 등에서 마주치는 시민들과 열정적으로 대화하거나 때로는 지인들과 철학적 향연을 벌였다. 그와 마찬가지로 이제 철학자들은 전문가들의 학계라는 정교한 성곽 안에 가두어 놓은 철학의 빗장을 열었다. 오랜 역사 속에서 가꾸어 온 철학의 정원에 담긴 저장고로부터 숙성된 사유의 다채로운 맛을 꺼내어 요리하며 평범한 시민들과 나누어야 할 시점이다.

이러한 오늘날 철학상담의 관점에서 아도르노의 사상은 과연 어떤 의미를 지니는가? 이 질문은 기존 정신분석의 틀처럼, 어린 시절 부모 혹은 가족의 배경이 개인의 정체성에 과연 어떤 영향을 끼치고 있는가를 묻는 것과는 다른 의미를 지닌다. 아도르노가 유대인으로서 나치즘이라는 시대적 고통을 겪으면서 그 전체주의의 위기를 철학적 작업을 통해 어떻게 직면

했는지에 집중하려는 것이며, 철학자로서의 성찰적 사유를 통해 어떤 자기 해명과 치유에 이르렀는지를 고찰하려는 것이다.

이 글은 아도르노의 철학을 이론적 논리와 수미 일관성에 따라 정리하려는 것이 아니라 그의 사유가 사회적 고통 속에서 상처 입은 개인의 삶을 어떻게 견딜 수 있게 일깨우는지에 초점을 맞추어 그의 사유가 지닌 실천적 치유력을 살펴 보려는 것이다. 먼저 그의 개인사에 드러난 삶의 여정을 알아보고 난 뒤, 그의 철학적 주저를 따라가면서 그의 삶을 관통하는 고통의 문제의식으로부터 자기성찰을 통한 철학적 치유의 과정을 엿보고자 한다.

이주와 탈주를 거듭하며 상처 입은 아도르노 개인의 삶

아도르노는 포도주 상인인 아버지 오스카 알렉산더 비젠그룬트(Oscar Alexander Wiesengrund)와 이탈리아계 성악가인 어머니 카벨리 아도르노 델 피안(Maria Calvelli-Adorno delle Piane) 사이에서 외아들로 출생했다. 어린 시절에 피아니스트인 이모 아가테(Agathe)의 영향을 많이 받으며 자랐고, 일찍 음악적 소질을 드러냈다. 청소년기에는 건축가이자 철학자인 지그프리트 크라카우어(Siegfried Kracauer)와 교제하며 철학적 소양을 닦았다. 이러한 환경 덕분에 피아노와 작곡을 일찍 시작했고,

 여성철학자의 철학 이야기

프랑크푸르트 대학에서 철학·사회학·심리학·음악학 공부를 하면서 음악비평가로도 활동할 수 있었다. 아도르노는 알반 베르크(Alban Berg)의 오페라 〈보체크〉(Wozzeck)에 깊은 감명을 받고 난 뒤, 작곡을 공부하기 위해 빈으로 갔다. 그런데 그의 지도교수였던 알반 베르크로부터 '베토벤 혹은 칸트' 중에, 즉 작곡과 철학 중에서 불가피하게 하나를 선택하는 게 낫겠다는 편지를 받았다. 그는 결국 칸트를 선택하면서 프랑크푸르트로 돌아왔지만, 그의 문화비판과 미학이론, 철학 사상 속에는 음악에 대한 해박함과 끊임없는 열정이 계속 남아 있다.

음악과 철학, 사회학, 미학을 넘나들며 연구를 지속하던 아도르노는 1931년 폴 틸리히(Paul Tillich)의 지도로 「키르케고르에게서 심미적인 것의 구성」(Die Konstruktion des Ästhetischen bei Kierkegaard)이라는 제목의 교수자격논문을 썼고, 이 논문이 통과되자 그해부터 프랑크푸르트 대학에서 강의를 시작했다. 1933년 나치가 강의 자격을 박탈하자, 그는 옥스퍼드 머튼 대학으로 옮겨 헝가리 태생의 사회학자 만하임(Karl Mannheim)과 교류하면서, 헤겔 연구를 본격화했다. 또다시 1938년 뉴욕으로 이주하고 난 뒤, 그는 어머니의 성(姓)인 '아도르노'라는 이름을 쓰기로 결정했다. 1941년부터 1949년까지 그는 호르크하이머(Max Horkheimer)와 함께 로스앤젤레스에 정착하면서 가장 생산적인 시기를 보냈다. 호르크하이머와 나누었던 대화의 내용을 정리해서 1947년 『계몽의 변증법』(Dialektik der Aufklärung)*을 출간했으며, 1950년에는 전체주의의 근간을 다루는 『권위주의적 성격』(The Authoritarian Personality)을 공동연구로 출간했다.

1949년에 프랑크푸르트로 귀국하여, 프랑크푸르트 대학의 철학과와 사회학과 교수를 역임했고, 1953년 이후 '사회연구소'**의 공동 소장, 나중에는 단독 소장을 역임했다. 그는 철학의 영역만이 아니라, 문화비평·예술비평·사회학·음악학의 분야에서도 지속적으로 활발한 활동을 펼쳤다. 그리하여 독일의 문학비평가상을 수상했고, 사회학 대회에서 포퍼와 열정적으로 실증주의 논쟁을 벌였으며, 음악의 분야에서도 당시 아방가르드 작곡가들에게 깊은 영감을 주었다. 1963년에는 독일사회학회 회장으로 선출되었다. 1966년 그의 철학적 주저인 『부정의 변증법』(Negative Dialektik)***을 출간했다.

---

* T. W. Adorno & M. Horkheimer, *Dialektik der Aufklärung. Philosophische Fragmente*, Gesammelte Schriften, Bd. 3, Frankfurt a.M.: Suhrkamp, 1984.[한국어판본: 아도르노&호르크하이머, 『계몽의 변증법』, 김유동 옮김, 문학과지성사, 2001.] 이후로 이 책을 언급할 때는 약칭 DA 다음 원서 쪽수와 한국어 번역본 쪽수를 다음과 같이 명기한다. 예) DA 29 ; 40쪽

** 프랑크푸르트학파의 산실인 프랑크푸르트 대학교 사회연구소(IfS; Institut für Sozialforschung)는 1923년 독일 프랑크푸르트 괴테 대학교에 설립된 학제적 사회연구기관으로, 마르크스주의를 기반으로 한 비판 이론의 핵심적 역할을 했다.

　1968년 학생운동을 주도하던 세력과의 갈등이 점점 깊어
지면서 학생들과 거리를 두게 되었다. 1969년 1월 '사회연구
소' 건물이 학생들에 의해 점거되고 나서 수차례에 걸친 요구
에도 불구하고 퇴거하지 않자, 아도르노는 마침내 경찰력을
요청하여 학생들을 강제 해산시킴으로써 학생 운동권과 결정
적으로 단절하게 되었다. 이후 1969년 그의 여름학기 강의가
학생들의 지속적인 항의 행위로 중도 폐강되었고, 그해 8월 6
일 스위스의 비스프(Visp)에서 심장마비로 사망했다.

　이와 같이 볼 때, 그의 삶은 독일 프랑크푸르트에서 태어
나 영국, 미국의 동부와 서부의 망명 생활을 거쳐서 다시 프랑
크푸르트로 돌아오는 '이주'의 연속이었고, 그 가운데 음악, 철
학, 사회학, 문화비평과 예술비평 등의 언어를 가로지르며, 거
대한 전체주의적 동일성에 순응하기를 강요하는 지배권력으
로부터 '탈주'를 거듭한 여정이었다.

　그렇다면 그는 이주와 탈주를 거듭하면서 나치즘이라는
사회적 고통의 정체를 어떻게 철학적으로 사유했으며, 『미니
마 모랄리아』(*Minima Moralia*)의 부제에서처럼 "상처 입은 삶

*** 　T. W. Adorno, *Negative Dialektik*, Gesammelte Schriften, Bd. 6, Frankfurt a.M. Suhrkamp, 1977.[한국어판본: 아도르노, 『부정 변증법』, 홍승용 옮김, 한길사, 1999.] 이후로 이 책을 언급할 때는 약칭 ND 다음 원서 쪽수와 한국어 번역본 쪽수를 다음과 같이 명기한다. 예) ND 209 ; 268쪽

으로부터 나온 성찰(Reflexionen aus dem beschädigten Leben)"
을 통해 어떤 철학적 치유책을 제시했을까?

사회적 고통의 진원지를 탐구한 『계몽의 변증법』

아도르노가 처한 시대적 위기이자 사회적 고통으로 직면한 것
은 독일의 나치즘이다. 물론 그 자신이 유대인이어서 개인적
으로 쫓기는 신세가 된 탓도 있지만, 그는 프랑크푸르트학파
제1세대의 동료들과 함께 그 당시 사회 전체를 뒤흔들고 있
는 구체적이고 실제적인 고통의 진원지를 나치즘이라고 여겼
고, 그 나치즘이 등장하게 된 원인을 철학적으로 캐묻기 시작
했다. 아도르노는 호르크하이머와 함께 독일의 나치즘이 단
지 우연히 생겨난 것이 아니라 오랫동안 형성되어 온 서구 역
사의 필연적 결과라고 여겼고, 이러한 전체주의적 지배를 가
능하게 한 근거를 철학적으로 성찰함으로써 그 고통을 타개할
수 있는 치유책을 모색했다.

이러한 문제의식은 『계몽의 변증법』의 서두에 "왜 인간들
은 진실로 인간적인 상태에 진입하는 대신에 새로운 종류의
야만성에 빠지고 말았는가"DA 11; 12쪽라는 질문 속에 매우 집약
적으로 표현된다. 일반적으로 서구의 사상사적인 맥락에서 인
류는 '계몽적 사고'를 통해 신화적 폭력으로부터 해방되었을

뿐 아니라 역사적으로 꾸준히 문명을 발전시킴으로써 인간의 자유를 증진시켜 왔다. 그런데 『계몽의 변증법』에서 아도르노와 호르크하이머는 그 당시 유럽에 팽배해 있던 파시즘의 기원을 캐물어 가면서, 인간이 자신의 자유를 확장시켜 왔다고 믿고 역사 속에서 전개해 왔던 '계몽적 사고 그 자체'에 대해 오히려 강한 의구심을 가졌다. 그리하여 당시의 파시즘에서 체험된 야만성이 계몽적 요소의 결여로 표출된 것이 아니라 오히려 계몽적 사고와 긴밀한 연관성 속에 자라나 왔다고 보고, 서구의 역사 이면에 놓인 어두움을 밝혀내고자 시도했다.

『계몽의 변증법』에서 계몽과 신화의 변증법적 전개, 특히 '계몽이 신화로 퇴행하는 과정'은 신화 '오디세우스'와 사드(Sade)의 책에 나온 인물 '쥘리에트', 그리고 대중문화에 대한 첫 명명인 '문화산업'과 그 당시의 '반유대주의'라는 제목의 각 장(章)에서 매우 다층적으로 해명되었다. 즉, 신화에 나타난 원초적 계몽의 싹에 대한 재해석, 계몽주의 철학에 대한 자기 비판적 논의, 자본주의 경제와 대중매체의 발달로 대두된 문화산업에 대한 비판적 고찰, 파시즘에 의해 정치적으로 악용된 반유대주의의 분석 등이 제시되었다. 그리하여 계몽의 야누스적 야만성, 계몽의 자기 모순적이고 자기 파괴적인 실상은 다양한 각도에서 심층적으로 조명되었다. 그렇다면 과연 이러한 '계몽의 변증법'이 반전될 가능성은 전혀 없는 것일까?

많은 연구자가 『계몽의 변증법』이 던지고 있는 어두움, 그 비판의 무게에 눌려 계몽에는 아예 희망이 없다고 단언하기도 했지만, 필자가 보기에 아도르노와 호르크하이머는 '계몽의 구원'을 결코 포기한 적이 없었다. 그들 스스로 『계몽의 변증법』에서 계몽의 자기비판을 시도하는 것 자체도, 이미 서문에서 밝혔듯이, 계몽에 대한 긍정적 개념을 마련하기 위한 것이라고 할 수 있기 때문이다. 물론 그들이 『계몽의 변증법』에서 구체적으로 많은 부분을 할애하여 '계몽의 구원'이라는 문제를 직접적으로 논증하지 않은 것은 사실이지만, 그렇다고 계몽의 구원에 대한 모티브가 엿보이는 함축적 구절들이 없는 것은 아니다. 예를 들어, '계몽의 변증법'은 자연과 주체의 연관성 속에서 자연과의 화해에 도달함으로써 극복될 수 있는데, "주체 속에 있는 자연의 회상(Eingedenken der Natur im Subjekt)에 의해 (……) 계몽은 지배에 대립된다."DA 58; 76쪽

이와 같이 볼 때, 아도르노와 호르크하이머가 『계몽의 변증법』에서 전개한 '도구적 이성 비판'은 결코 자연 지배를 주도해 온 이성의 폐기를 의미하는 것은 아니다. 오히려 '자연과 이성의 화해 가능성'을 적극적으로 모색할 수 있기 위해서, 주체가 '이성'을 어떻게 스스로 제한할 수 있는지, 그리고 '자연'을 어떻게 수용해야 하는지에 대한 철학적 사유의 또 다른 자기성찰을 시작하도록 이끈다.

 여성철학자의 철학 이야기

철학적 뿌리로부터의 비동일적 사유 『부정의 변증법』

아도르노의 나치즘과의 대결이 한편으로『계몽의 변증법』에서 계몽적 사고를 발전시켜 온 도구적 이성에 대한 역사철학적인 비판으로 전개되었다면, 다른 한편으로『부정의 변증법』에서는 철학적 사고 그 자체의 자기비판을 통하여, 소위 '동일성 사고'에 대한 인식론적인 비판으로 한층 더 심화되었다. 아도르노는 철학사 안에서 한 번도 주목받지 못한 채 변두리로 물러나 있었던 '비개념적인 것', '비동일적인 것', '질적인 것', '특수한 것', '개별적인 것'으로 눈을 돌렸다. 그리하여 파르메니데스와 플라톤으로 이어 내려온 서구의 형이상학적인 전통에 전제되었던 동일성의 총체적인 요구를 비판하고, 그 보편적 개념에 의해 "억압되고 무시되고 버려진 것"ND 21; 63쪽을 복원하려 시도했다. 그리하여 "개념으로는 도달하지 못하는 것, 개념의 추상 메커니즘을 통해 잘라 낸 것, 아직 개념의 본보기가 되지 않은 것"ND 20; 61쪽을 철학적 관심의 영역으로 드러냈다.

나아가 그는 비트겐슈타인이 "말할 수 없는 것에 대해서는 침묵해야 한다"L. Wittgenstein, *Tractatus logico-philosophicus*, Werkausgabe, Bd. 1, Frankfurt a.M.: Suhrkamp, 1984, p.85. 라고 주장한 것과는 달리 말할 수 없는 것을 말해야 한다고 강변했다. 왜냐하면 철학에서는 개념이 단순히 개념 그 자체를 넘어서서 비개념적인 것에 접근할 수 있다는 믿음이 불가피하다고 보았기 때문이다. 따라서 철학이 꿈꾸는 "인식의 유토피아는 개념을 통해 비개념적인 것을 밝히되, 그것을 개념과 동일시하지 않는 것"ND 21; 63~64쪽이라고 역설했다. 그런데 아도르노가 이미 진단한 바 있는 오늘날의 '관리되는 사회(Verwaltungsgesellschaft)' 안에서, 즉 동일성원리에 의한 사고의 강박이 만연해 있는 상황 안에서 과연 '비동일적인 것'에 대한 접근은 어떻게 가능한 것일까?

아도르노는 관념론 철학에서 더욱 첨예하게 드러났던 주체성이 가진 동일성의 강압과 기만에 저항할 필요성을 느꼈고, 그 주체성의 지배 아래 속박되었던 객체들로 철학적 관심의 방향을 바꾸어 놓고자 시도했다. 아도르노의 "객체의 우위(Vorrang des Objekts)"라는 개념은 근대철학에서의 인식이 주체와 객체의 분리를 전제하고 있으며, 이러한 분리의 극복을 선험적 주체의 주도적 지배 아래서 수행하였음을 비판하고자 고안되었다.

그런데 '객체의 우위'라는 개념에서 주목할 점은 객체가 그 이전에 주체의 자리를 넘겨받도록 하는 데에 있는 것이 아니라 아예 주-객 도식에 전제된 주체와 객체 간의 위계질서 그 자체를 철폐하려는 데에 있다. 그리하여 한편으로 객체는 더 이상 주체의 지배 아래 놓인 동일성의 체계 안에 폐쇄적으로 속박되지 않고 해방되며, 다른 한편으로 주체는 객체의 '비동

    여성철학자의 철학 이야기

일적인' 계기, 즉 "질적인 계기"ND 53들을 수용할 태세를 갖추게 됨으로써 축소되거나 추상화되지 않은 구체적인 내용을 생생하게 담아낼 수 있게 된다. 따라서 그가 '객체의 우위'를 통하여 도달하고자 하는 바는 바로 주체에 대항하는 객체의 유물론적인 경험, 즉 동일성에 대항하는 비동일자의 저항적 경험이다. 왜냐하면 아도르노에게서 객체란 "비동일적인 것의 긍정적 표현"ND 193; 274쪽이며, 이러한 비동일적 계기들은 동일성의 범주에서 해방될 때, 육체적인 것 혹은 물질적인 것과 불가분하게 융합된 것으로 나타나기 때문이다.

특히 아도르노는 주-객의 새로운 관계성과 화해 가능성을 모색하면서 주체가 감지하는 '고통'의 경험적 계기를 중시했다. 그는 고통을 곧 진리의 기본조건으로 간주했다. "왜냐하면 고통은 주체에 부과된 객관성이기 때문이다; 주체가 가장 주체적인 것으로서 경험하는 것, 즉 주체의 표현은 객체에 의해 매개된다."ND 29; 73쪽 내적인 자연으로부터 직접적으로 나오는 고통은 그것이 부정적인 형태로 표현될지라도 객관성을 나타낸다. 고통은 주체가 겪은 경험의 속성을 객관적으로 매개하고 그것을 표현하게끔 이끌어 간다. 따라서 아도르노는 그 고통 안에 변증법적인 사유의 동인(Motor)이 놓여 있다고 주장했다.

고통은 하나의 질적으로 다른 계기, 즉 개념과 동일시하여 일치될 수도 없고, 보편성 아래에 포섭될 수도 없는 사유의 계기를 제공한다. 이처럼 불행한 의식 속에는 정신의 맹목적 허영심이 아니라 정신이 몸으로부터 받아들이는 '본래적 권리'가 놓여 있기 때문이다. 따라서 고통의 속성은 오히려 동일성에 근거하고 있는 인식이 지닌 비진리를 발견하고, 정신과 자연을 지배적인 관계로 분리하는 것을 그만두게 함으로써 희망의 표징이 될 수도 있다.

아도르노에 따르면, "경험된 세계에서 의미 없는 고통의 가장 작은 흔적은, 그 경험에서 고통을 변명하고 싶어 하는, 관념론적 철학 전체의 거짓말을 책망"ND 203; 286쪽할 수 있다. 따라서 고통을 통해시 '객체 우위'의 잠재력이 드러나며, 비동일적 사유의 철학은 그 고통을 치유하기 위한 실천으로 연계된다. "육체적인 계기는 고통이 없어지고 다르게 되어야 한다는 것을 인식에 알린다. '아픔(Weh)은 말한다: 사라지라고'. 그리하여 특히 유물론적인 것은 비판적인 것, 즉 사회적으로 변화되는 실천으로 수렴된다."ND 203; 286쪽

사회적 고통으로부터 상처 입은 아도르노의 자기 치유

흔히 아도르노를 20세기의 마지막 천재로 칭하기도 한다. 오늘날처럼 폐쇄된 전문 영역을 확보하려는 정당성 싸움이 치열한 전문가 시대의 맥락에서 바라보자면, 그는 음악학·철학·문

 여성철학자의 철학 이야기

화비평·예술비평·사회학 등의 경계를 넘나드는 탁월한 재능을 가진 인물이기 때문이다. 그러나 필자가 만난 아도르노는 그러한 영역들을 가로지르며 자기 시대가 던진 위기와 사회적 고통의 진원지를 파악하고, 그 어느 한 곳에 안착하거나 안주하지 않으며, 지속적인 탈주를 감행한 자기성찰의 철학자, 즉 비동일적 사유를 통해서 철학적 자기치유를 실천한 철학자이다.

그가 상처 입은 삶에서 직면한 사회적 고통으로부터 고군분투하며 펼쳤던 철학적 사유를 다시 만나 소개하고 나오며 필자 스스로에게 반문해 본다. 이제는 야만의 그림자를 발견할 수도 없을 만큼 더욱 세련되게 현혹적인 계몽의 빛이 강력한데, 나의 삶은 그리고 우리의 공동체는 과연 어디로 가고 있는 것일까? 동질적 색깔을 띠면서 죽은 척하지 않으면 살아남을 수 없는 극한 경쟁이 휘몰아치는 일상에서, 더욱이 AI가 노동으로부터의 해방과 더 많은 여가를 가져다줄 것이라고 굳게 믿으며 달려 나가는 가운데, 전 지구적으로 획일화된 자본주의적 삶의 패턴 속에서 그 계몽의 야만성이 더욱 기만적으로 은폐되어 창궐하고 있는 것은 아닐까? 침묵에 잠겨 있는 나의 상처와 그 주변에 놓인 사회적 고통에 눈을 돌려 기만을 깨뜨리려는 목소리에 귀를 기울이고, 차근차근 대화하면서 함께 철학적 사유를 시작해 보련다.

사르트르,
자유로서의 주체

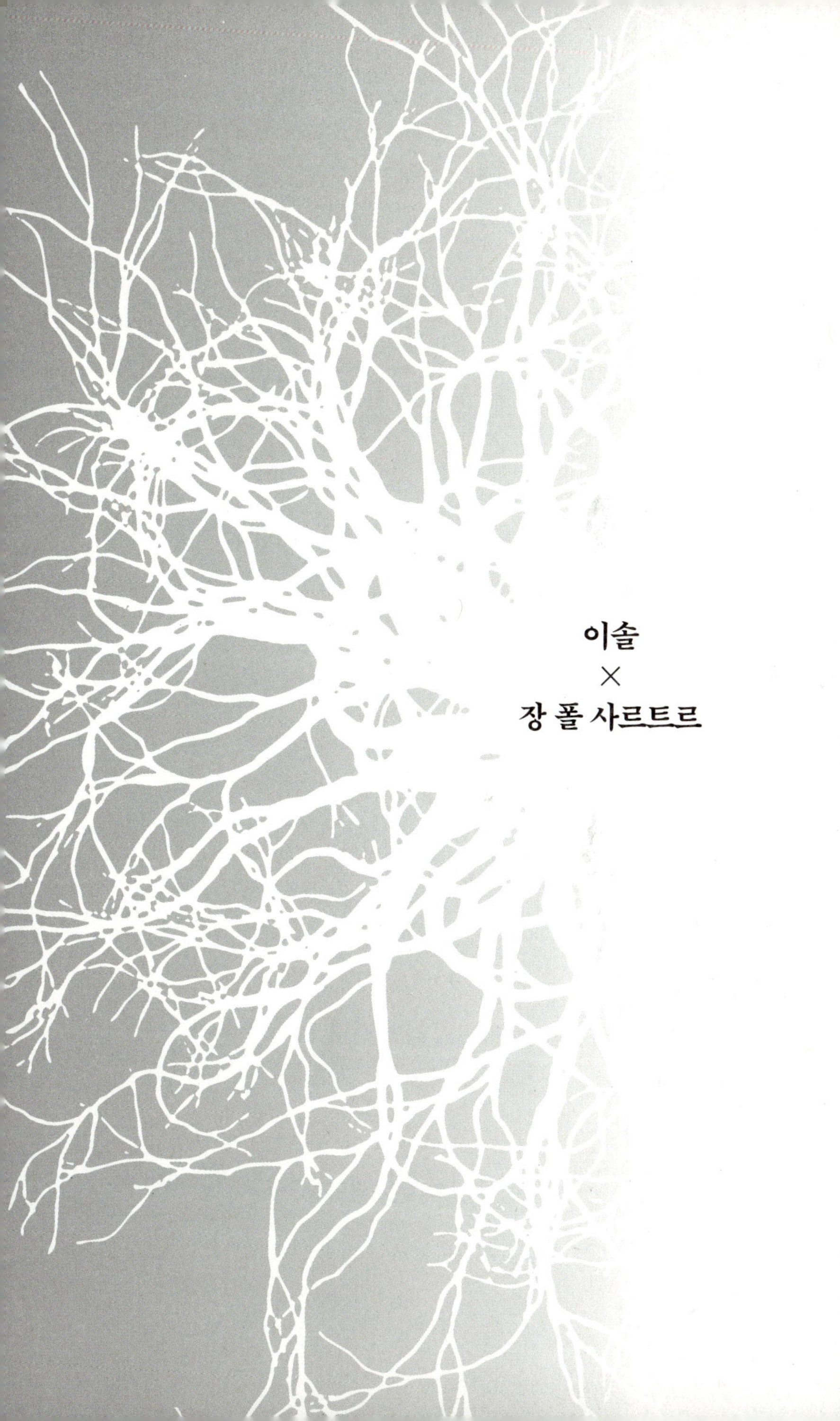
이솔
×
장 폴 사르트르

사르트르, 자유로서의 주체

사르트르 철학은 어떤 것인가?

어떤 물음들은 미리 정해진 답을 가지고 있는 것과 달리, 도무지 정답을 찾을 수 없는 종류의 물음들도 있다. 대개 답이 없는 물음이라 하면 추상적이며 형이상학적인, 그러니까 뜬구름 잡는 소리라 여겨지는 철학적 문제들을 떠올리기 쉽지만, 실상은 반대인지도 모른다. 정말로 답하기 어려운 물음이란 오히려 현실적인 것들, 곧 개인적 삶의 선택에 관한 것이다. 지금 내가 마주하고 있는 문제가 바로 그런 것이다. "나는 왜 철학을 전공하게 되었나 혹은 나는 왜 사르트르를 전공하게 되었나?"

나는 사실 이 물음이 사실적인 해명을 요구하는 것인지,

아니면 자기 정체화를 종용하는 것인지 분간되지 않는다. 단순히 설명을 요청하는 것이 아니라, 내 선택을 특정한 방식으로 정당화하라는 요구처럼 느껴지기 때문이다. "왜 사르트르인가?" 질문을 마주하자마자 사르트르 철학을 대표하는 몇몇 개념들, 이를테면 선택, 실천, 인간, 자유, 주체… 따위의 단어들이 목구멍을 간질거리는데, 어떤 단어도 신통치가 않다. 사르트르 철학이 가진 의미와 가치에 대해서 말하는 것쯤이야 어렵지 않다. 하지만 '왜 사르트르 철학을 전공했는가'에 어떻게 답해야 할지는 감도 오지 않는다. 그런데 답변이 어려운 것은 애초에 질문이 잘못되었기 때문이 아닐까? 사실 오류가 물음에 내재해 있는 것은 흔한 일이다. 그런 의심과 함께 나는 비겁하게 조금쯤 비켜서서 묻는다. '이것이 답해질 수 있는 문제인가?'

첫번째 답변

물론 불가능할 것은 없다. 우선 두 가지 종류의 답변이 가능할 것이다. 가장 손쉬운 답변은 사르트르 철학이 가진 특성을 근거로 제시하는 것이다. 『스탠퍼드 철학 백과』(*Stanford Encyclopedia of Philosophy*)의 '장 폴 사르트르(Jean-Paul Sartre)' 항목이 "장 폴 사르트르만큼 생전에 큰 명성을 누린 철학자는 드물다(Few philosophers have been as famous in their own lifetime as Jean-Paul Sartre)"라는 문장으로 시작할 만큼, 사르트르의 실존주의는 20세기 지성사를 결정지은 핵심 사조이며, 사르트르의 말과 글은 전후(戰後) 유럽 사상과 정치적 격랑의 한가운데에 있었다. 그는 철학적 저작뿐 아니라 소설·희곡·평론을 통해 당대의 문제들을 전방위적으로 사유했고, 그의 발언과 저작은 당대의 철학 논쟁뿐 아니라 문학·예술·정치의 영역에서도 강력한 파장을 일으켰다. 20세기 사상사의 지형을 바꿔 놓은 결정적 사유체계였던 사르트르 철학에는 다양한 수식어가 따라붙는다. 프랑스 현상학, 무신론적 실존주의 철학, 급진적 주체 철학, 앙가주망의 철학 등…. 이처럼 여러 방식으로 사르트르 철학을 특징지을 수 있겠지만 그 무엇으로도 대체할 수 없는 사르트르 철학의 고유한 특징은 바로 '인간 주체'의 철학이라는 것이다.

사르트르 철학이 인간 주체의 철학인 이유는, 그의 사유 전체가 인간의 존재 방식을 중심에 두고 전개되기 때문이다. '현상학적 존재론의 시론(Essai d'ontologie phénoménologique)'이라는 부제를 가진 자신의 주저 『존재와 무』(*L'Être et le Néant*)에서 사르트르는 인간을 "자유(liberté)"*로 규정한다.

"[인간이라는] 존재는 우리에게 자유로서 나타났다. (……) 자유는 다른 여러 속성 중에서 인간 존재의 본질에 속하는 하나의 속성(propriété)이 아니다. (……) 인간의 자유는 인간의 본질에 선행하며, 인간의 본질을 가능케 한다. (……) 우리가 자유라고 부르는 것을 인간 실재의 존재(l'être de la réalité-humaine)와 구분하기란 불가능하다. 인간이 먼저 있고 그다음에 자유가 있는 것이 아니다. 인간의 존재와 인간의 '자유로움(être libre)' 사이에는 차이가 없다."『존재와 무』, 103쪽

인간 존재가 전적인 '자유'라는 사실은 사르트르의 실존주의(existentialisme)를 특징짓는 정식, "실존이 본질에 앞선다(l'existence précède l'essence)"**는 명제를 통해서도 확인할 수 있다. 인간에게 있어 실존이 본질에 앞선다는 것은, 인간이 자유로운 선택과 행위를 통해 자신의 본질을 만들어 나가는 존재임을 의미하기 때문이다. 인간은 미리 주어진 그 어떤 본성에 따라 살아가는 존재가 아니라, 그 어떤 본질도 없이 존재하는 존재인 것이다.

---

* Jean-Paul Sartre, *L'Être et le Néant: Essai d'ontologie phénoménologique*, Paris: Gallimard, 1965, p.61.;『존재와 무』, 변광배 옮김, 민음사, 2024, 103쪽. 이 글의 모든 인용은 번역본을 따르며, 뜻의 전달을 위해 수정이 필요할 경우 대괄호[]로 표기한다. 이후 이 책을 인용할 때에는 책 제목과 한글판 쪽수만 표기한다.

** Jean-Paul Sartre, *L'existentialisme est un humanisme*, Paris: Les Éditions Nagel, 1966, p.17.;『실존주의는 휴머니즘이다』, 박정태 옮김, 이학사, 2009, 29쪽. 이후 이 책을 인용할 때에는 책 제목과 한글판 쪽수만 표기한다.

이와 달리 인간을 제외한 존재들은 존재에 앞서 본질이 결정되어 있다. 사르트르는 이러한 존재를 즉자(即自, en-soi) 존재라 규정한다. '즉자'라는 표현이 보여 주듯 그것은 '있는 그대로' 존재하는 존재이다. 지금 내 눈앞에 놓여 있는 탁자, 그리고 이 탁자 위에 놓인 컵과 같은 사물들은 모두 자기의 고유한 본질을 가지며, 이들은 자신이 본래적으로 가지고 있는 본질에서 조금도 어긋나지 않는 방식으로 존재한다. 사물 세계를 관장하는 법칙이 인과율(causalité)인 것은 이 때문이다. 즉자적 존재는 자기동일성을 가진 실재로서, 그 자체로 충만하고 폐쇄적인 방식으로 존재한다. 즉자는 부정(négation)을 알지 못한다. 사르트르의 표현을 빌리자면, 즉자적 존재에는 "최소한의 빈틈(vide)도, 무가 미끄러져 들어갈 수 있는 최소한의 균열(fissure)도 없다."『존재와 무』, 198쪽 바로 이런 점에서 즉자적 존재의 세계는 필연적으로 인과율의 법칙에 종속된다. 즉자적 존재가 운동·변화를 겪기 위해서는 반드시 외적인 원인이 개입되어야 하기 때문이다. 탁자 아래로 떨어진 컵이 바닥에 부딪혀 깨지는 것은 탁자의 의지에 의해서도 컵의 욕망에 의해서도 아니다. 탁자 가장자리에서 컵이 미끄러지고, 낙하한 컵이 바닥에 부딪혀 깨어지는 일련의 사건들은 각각의 사물이 가진 본성과 자연법칙에 따라 정해진 방식으로 작용하는 일관된 물리적 연쇄 과정일 뿐이다. 이러한 인과적 세계에는 우

 　　　　　　　　여성철학자의 철학 이야기

연도, 자유도 존재하지 않는다. 존재하는 것은 오직 '있는 그대로의 것들'과 그들 사이의 필연적 관계뿐이다. 즉자적 존재는 오직 외적 작용에 수동적으로 반응하는 방식으로 움직일 뿐이다.

반면 인간은 즉자와 본질적으로 다른 존재 방식을 가진다. 인간은 어떤 선행된 본성에 따라 행동하는 존재가 아니다. 사르트르는 인간의 존재 방식을 '대자(對自, pour-soi)'로 개념화한다. 대자란 '~을 향하여' 존재하는 존재이다. 자신의 본성에 머물러 있는 즉자와 달리, 어떤 본성도 가지지 않은 존재로서 대자는 있는 그대로 존재하는 것이 아니라, 자기를 향한 기투(projet)를 통해 자기 자신을 만들어 간다. 인간은 항상 '자신이 아닌 것'을 향해 나아가며 자신을 창조한다. 이렇듯 인간은 스스로가 무엇인지에 대한 물음을 던지는 존재, 끊임없이 자신을 부정하고 또 바로 그러한 부정을 통해 자신을 초월하는 존재인 것이다. 이렇듯 사르트르는 다른 모든 사물과 구분되는 인간만의 독특한 존재 방식을 '자유'라 규정한다. 당대 사르트르의 철학이 큰 반향을 불러일으킨 것은 이렇듯 그가 인간을 어떤 본질도 가지지 않은 자유로운 존재로 파악했기 때문이다. 사르트르 철학을 접하는 이들은 누구라도 실존이 본질에 앞선다는 사유가 갖는 급진적 해방의 힘을 느끼고, 그로부터 펼쳐지는 무한한 자기 초월의 매혹에 사로잡힌다.

물론 사르트르 철학에 관한 호평과 찬사만이 있는 것은 아니다. 사실 사르트르의 실존주의는 이미 당대에서부터 레비-스트로스(Claude Lévi-Strauss) 및 푸코(Michel Foucault) 등에 의해 급격히 부상한 구조주의의 물결에 떠밀려 구시대적 철학으로 간주되었다. 구조주의는 1960년대 프랑스 지성계를 장악하며, 개인의 의식과 자유를 중심에 둔 전통 철학의 패러다임을 근본적으로 뒤흔들었다. 레비-스트로스의 구조인류학은 사회와 문화를 인간 의식이 아닌 무의식적 구조의 산물로 파악했고, 푸코는 역사 속에서 '인간'이라는 개념 자체의 생성과 소멸을 추적했다. 이렇듯 구조주의의 거센 물결 속에서 실존주의는 개인의 선택과 책임을 지나치게 강조하는 인본주의적 낭만주의로 치부되었고, 시대에 뒤처진 주체 중심적 철학이라는 낙인을 피할 수 없었다.

그러나 구조주의가 사르트르 철학을 시대착오적인 것으로 판정했다고 해서, 그것이 곧 사르트르 사유의 시효가 만료되었음을 의미하는 것은 아니다. 오히려 구조주의의 '주체 해체' 담론은 주체를 단순히 구조의 산물로 환원시키는 경향을 드러냈고, 그 과정에서 구체적이고 실존적인 인간의 경험을 등한시했다. 사회와 역사, 언어와 무의식이 인간 실존을 규정한다는 구조주의의 통찰은 유효하지만, 인간이 스스로를 기투하고 세계에 개입하는 실천의 차원을 간과할 수는 없다. 주체는 구조에 의해 형성되지만, 동시에 구조를 변형시키는 능동적 행위자이기도 하다. 또한 무엇보다도 우리는 결국 인간 주체인 한에서 실천할 수밖에 없다. 바로 이 지점에서 사르트르의 철학은 여전히 힘을 발휘한다.

구조주의 이후, 후기구조주의 및 탈인간주의 담론이 인간 주체의 개념을 더욱 철저히 해체하면서, '인간'이라는 말은 불편하거나 심지어 수치스러운 용어가 되어 버렸다. 구조주의적 사유가 인간 중심주의를 비판하고, 생태적·비인간적 존재와의 공존 가능성을 사유하는 데 기여했음은 의심할 수 없다. 그러나 구조주의적 분석의 뒤편으로는 언제나 분류표가 떨어져 나간 도서관의 책처럼 잠복해 있는, 그러나 회피할 수 없는 질문이 뒤따른다. "그래서 이제 무엇을 어떻게 해야 할 것인가?" 구조주의적 사유가 주는 지적 희열은 언제나 무상함의 감정을 동반한다. 언어·신화·사회 제도의 깊은 층위를 해부하는 구조주의의 분석은, 개별 사건의 표면 아래 흐르는 보편적 구조를 설득력 있게 밝혀냈다. 하지만 아무것도 해결되지 않았다. 오늘날의 정치적 위기, 생태적 재난, 기술적 전환 속에서 우리는 다시금 묻지 않을 수 없다. "누가 결정하고, 누가 책임져야 할 것인가?" 이 질문 앞에서, 인간 주체의 자유와 실존적 책임을 사유했던 사르트르의 철학은 여전히 현재적이다.

이것이 바로 하나의 답변이다. 사르트르 철학이 가진 가장 큰 강점은 우리가 인간 주체라는 사실을 막연히 회피하거나 부정하지 않고 정면으로 직시한다는 점에 있다. 사르트르의 실존주의가 그 어떤 세련된 성찰보다도 더 큰 울림을 주는 것은 이 때문이다. 존재론적 전회를 통해 의식과 주관을 넘어 구조에 다다른 (후기) 구조주의 철학들은 난해하고 추상적이며, 좀처럼 현실에 와닿지 않는다. 주체는 구조의 산물이며, 욕망과 사유는 모두 무의식적 구조의 작동에 의해 규정된다. 그래서 어쩌란 말인가? 반인간 및 탈인간을 표방하는 담론들은 어떤 현실적인 대안도 제시하지 않는 공허한 선언에 그친다. 단순한 지적 유희를 넘어, 해결책을 모색하고 실천하기 위해 우리는 다시 주체의 자리에 설 수밖에 없다. 우리가 결정하고 책임을 떠맡아야 하는 것은 인간으로서이기 때문이다.

두번째 답변

그런데 이것으로 충분한가? 지금껏 우리는 장 폴 사르트르 철학의 특징에 관해 이야기했다. 요컨대 사르트르 철학에서 인간은 본질에 선행하는 자유로운 존재로 규정되며, 구조주의 이후 저자의 죽음이 선언되고 주체의 해체가 가속화되는 사상적 지형 속에서도 사르트르는 인간 주체의 실천 가능성과 책임을 옹호하는 철학적 입장을 끝까지 견지했다는 것이다. 그런데 이렇듯 사르트르 철학이 가진 특별한 의의에도 불구하

     여성철학자의 철학 이야기

고, 이것이 사르트르 철학을 탐구해야 할 필연적 계기가 될 수는 없다. '사르트르 철학이 가진 ~한 점 때문에 그것을 연구하지 않을 수 없었다'고 말하는 것은 역설적으로 사르트르 철학이 표방하는 주체의 근본적 자유를 부정하는 일이 되어 버리기 때문이다. 이 경우 주체의 선택은 스스로의 자유로운 기투가 아니라 외부의 원인에 의해 규정되는 결과가 된다. 선택이 주체의 자유로운 결단이 아니라 특정한 가치에 종속되는 꼴이 되어 버리는 것이다. 그러나 선행하는 것은 선택이다. 주체의 선택에 앞서 있는 초월적인 가치는 없다. 가치가 진정한 가치로서 성립할 수 있는 것은 오직 주체의 선택에 의해서이다.

이것이 바로 사르트르가 1945년 10월 29일 강연 〈실존주의는 휴머니즘이다〉에서 말했던 것이다. 이 강연에서 사르트르는 우리의 모든 선택은 근본적으로 자유에 바탕을 둔 것이며, 선택에 있어 의존할 수 있는 어떤 초월적인 가치도 없다고 역설했다. 흔히 행위를 정당화하기 위해 거론하는 법과 관습, 윤리와 도덕 따위의 심급이 구속력을 지니게 되는 것은 그에 앞서 우리가 그것이 가진 권위를 승인했기 때문이다. 심지어 신의 명령이라 하더라도 그것은 그 자체로 절대적인 권위를 가지지 않는다. 그것이 신의 명령으로서 권위를 가지기 위해서는 그에 앞서 내가 그것에 신의 명령이라는 정당성을 부여해야 하는 것이다. 사르트르는 이를 키르케고르(Søren

Kierkegaard)의 '아브라함(Abraham)의 불안'에 빗대어 설명한다. 어느 날 한 천사가 아브라함을 찾아와 '너는 아브라함이니 너의 아들을 제물로 바치라'고 명령했다. 아브라함은 어떻게 행동해야 할 것인가? 이 명령을 한 이가 정말로 천사라면 문제가 없다. 비통하지만 신의 명령에 따라 아들을 제물로 바치면 되는 것이다. 그러나 문제는 아브라함에게 그 명령을 한 것이 정말 천사인지 아닌지 알 수 없다는 점이다.

"어떤 천사가 나에게 왔다고 합시다. 이때 그가 천사라는 것을 무엇이 증명할까요? 또 내가 음성을 들었다고 칩시다. 이때 그 음성이 지옥에서 온 것이 아니라 천당에서 온 것이라고 무엇이 증명할까요? (……) 결국 나는 나 자신을 납득시킬 만한 그 어떤 증거나 징표도 찾을 수가 없을 것입니다. 만약 어떤 음성이 나에게 전해진다면, 이때 그 음성이 천사의 목소리라고 결정할 사람은 언제나 나 자신입니다."『실존주의는 휴머니즘이다』, 39~40쪽

물론 아브라함은 별안간 눈이 멀어 버릴 듯한 환한 빛이 쏟아졌으며, 단 한 번도 들어 본 적 없는 신성한 음성이 들려왔다고 말하며 자신이 들은 것이 천사의 말씀이라는 증거를 제시할 수도 있을 것이다. 그러나 그것이 단지 주관적 환상이 아니라는 것을 어떻게 밝힐 수 있을 것인가? 자신이 경험한 빛과

 여성철학자의 철학 이야기

음성이 신경증적 환각 내지 정신 착란의 산물이 아닌 신성의 징표라고 판정해야 하는 것은 결국 아브라함이다. 요컨대 그것을 신의 말씀으로 승인함으로써 그것에 힘과 권위를 부여하는 것은 결국 아브라함 자신인 것이다.

그렇다면 이렇게 답해야 할까? 내가 사르트르 철학을 연구하기로 한 것은 온전히 나의 자유로부터 말미암은 선택이라고? 물론 틀린 말은 아니다. 누구도 사르트르 철학을 연구하라고 나를 협박하거나 강요하지 않았다. 이렇게 본다면 분명 내가 사르트르 철학을 연구하게 된 것은 단지 나의 자유로운 선택의 결과이다. 그런데 이렇게 말하는 것 또한 석연치 않다. 사르트르 철학을 연구하고자 한 것은 물론 나의 자발적인 선택이었지만, 그것이 곧 이 선택이 임의적이었음을 함축하지는 않기 때문이다. 나는 왜 사르트르 철학을 연구하기로 결심했던가? 그건 구조나 무의식이 아닌 인간 주체에 중심을 두는 사르트르 철학 특유의 관점에 공명했기 때문이다. 그러나 여전히 그것은 선택을 위한 필요조건일 뿐 충분한 조건이 아니다. 사르트르 철학이 가진 특성을 선택의 원인이라 말할 때 다시금 이 선택은 외적 조건에 의해 결정지어진 산물로 전락할 것이다. 더군다나 사르트르 철학이 가진 주체 중심적 특성이 내가 이 철학을 연구하게 된 궁극적인 이유라면, 왜 나는 인간 주체를 강조하는 또 다른 철학 ——이를테면 마르셀(Gabriel

Marcel)의 유신론적 실존주의, 리쾨르(Paul Ricœur)의 해석학적
주체 철학——을 연구하기로 결심하지는 않았던 것일까? 내가
다른 어떤 철학도 아닌 사르트르의 철학을 선택한 이유는 무
엇인가?

왜 사르트르인가?

선택의 의미

사실 이 문제는 흔히 연인들 사이에서 오가는 하나의 물음과
닮아 있다. 연애를 해본 사람이라면 누구나 한 번쯤 "당신은 왜
나를 사랑하는가?"라는 질문을 던져 본 적이 있을 것이다. 그
런데 이 상투적인 질문은 사실 상대방을 곤혹스럽게 만드는
함정과 같다. 주어진 물음에 성실하게 답하기 위해 구체적인
이유를 지목한다 해도, 그렇게 지목된 성질(출중한 외모, 고결한
인격, 비범한 재능 등)이 무엇이든 간에 답변은 과녁을 빗나가고
말 것이기 때문이다. 사랑의 감정의 원인이 되는 심리·생리적
인 요인을 찾으려는 시도는 언제나 실패에 직면할 수밖에 없
다. 문제는 사랑의 감정을 유발한 동인을 찾으려는 시도 자체
에 있다. 이러한 시도는 감정이 특정한 동인에 의해 촉발된 심
적 작용의 결과라는 잘못된 전제를 깔고 있기 때문이다. 이는
여전히 결정론적 사고방식에 머물러 있는 관점이다. 사랑은

　　　　　　　　여성철학자의 철학 이야기

그 어떤 특정한 동기나 원인으로 환원할 수 없는, 근본적으로 우연적인 사실이다.

이처럼 사랑이라는 감정에 특유의 색채와 고유한 가치를 부여하는 것은 그것이 필연적인 인과적 사건들의 계열을 벗어나 있다는 사실, 곧 '우연성(contingence)'이다. 사랑은 의식이 세계 속에서 스스로를 기투(projet)하는 과정에서, 예측할 수 없는 만남과 상황, 그리고 타자의 실존과 부딪히며 발생하는 사건이다. 사랑의 가치는 그러한 '이유 없음' 속에 있다. 만약 사랑이 어떤 고정된 속성—외모, 성격, 능력 등—에 의해 결정되는 것이라면, 더 이상 사랑에는 어떤 신비도 남아 있지 않을 것이다. 사랑을 특별하게 만드는 것은 그 감정에 동반되는 자유이며, 어떤 역경에도 불구하고 이 감정을 관철하겠다는 의지이다. 이렇게 본다면 사랑이라는 현상을 설명할 때 동반되어야 하는 접속사는 상황과 조건에 따르는 인과적인 것—'따라서', '그러므로'—이 아니라 오히려 주어진 조건에 반하며 이를 거스르는 역설적인 것—'그러나', '~에도 불구하고'—이다. 우리가 자신을 향한 상대방의 사랑이 특정한 요인에 의해 기계적으로 형성된 것이라는 말에 실망하거나 분노하게 되는 것은 바로 이 때문이다. 사랑은 자유로운 주체가 타자의 자유를 소유하려는 욕망이다. 『존재와 무』에서의 인용이다.

"사랑을 받고자 하는 자는 (……) 하나의 자동 현상을 소유하고자 원하지 않는다. 그리고 만일 사람들이 그를 모욕하고자 한다면, 사랑받는 자의 정념을 심리적 결정론의 결과로서 그에게 보여 주는 것만으로 충분하다. 그때 사랑하는 자는 자신의 사랑에서 그리고 자신의 존재에서 스스로 가치가 떨어진 것을 느끼게 될 것이다." 『존재와 무』, 768~769쪽

사르트르는 인간을 인과적 결정론의 사슬에서 벗어나 있는 유일한 존재로 이해한다. 우리의 행위를 이끄는 것은 동기가 아니라 근본적인 자유로부터 유래한 '선택'이다. 인간의 행동은 단지 특정한 심리·생리적 동기에 의해 촉발되지 않는다. 물론 이것이 우리의 행위가 임의적임을 뜻하는 것은 아니다. 우리의 행동은 무차별적인 것이 아니다. 행동을 촉발하는 특정한 동기가 있다. 그러나 동기와 그로 인해 촉발되는 행위의 관계는 결코 단순히 물리적 세계에서 발생하는 사건들의 관계와 같은 원인과 결과의 관계가 아니다. 사르트르가 특유의 날카로움으로 끈질기게 파고드는 것은 원인으로 지목된 동기와 결과로 주어진 행동 사이의 빈틈이다. 동기는 결코 직접적으로 행동을 이끌어 내지 않는다. 정확히 말하자면 행동을 이끌어 내는 동기와 결과로서 산출된 행동 사이에 있는 것은 선택이다. 이 근본적 선택에 의해 행동이 취해지며, 동기는 비로소

　　　　　　　　여성철학자의 철학 이야기

행동을 이끌어 내는 원인으로서 자격을 획득하게 되는 것이다. 바꾸어 말하자면 동기가 동인으로 작용하기 위해서는 그에 선행하는 '승인'이 요구되는 것이다. "여기에는 동인과 동기가 없는 하나의 행위가 있는 것이 아니라, 오히려 동기와 동인을 자발적으로 만들어 내는 하나의 발명(invention)이 있다."『존재와 무』, 970쪽

이처럼 사랑의 감정은 자유를 조건으로 한다. 사랑이 진정한 의미를 가지려면, 그것은 자유로운 기투 속에서 '우연히' 발생해야 한다. 사랑의 감정을 특정한 원인에 따른 하나의 필연적 결과로 설명하는 순간, 자유는 부정되고 사랑의 본질 역시 사라진다. 그런데 여기에서 우리는 다시 한번 물을 수 있다. 그렇다면 사랑의 본질이란 결국 자유에 있는 것인가? 이 경우 다시 한번 사랑의 의미는 훼손되는 것이 아닌가? 사르트르 역시 이와 동일한 문제를 제기한다. "다른 한편으로 사랑하는 자는 자유롭고 의지적인 (자기) 구속인 이 고도의 형태의 자유에 만족할 수 없을 것이다. 서약된 맹세에 대한 단순한 신의로서 주어질 사랑에 누가 만족할 것인가?"『존재와 무』, 769쪽 물론 앞서 강조했듯 이 자유가 단순한 임의성을 의미하지는 않는다는 사실을 유념하도록 하자. 하지만 아무리 사랑이라는 감정을 갖게 된 동기가 있다고 하더라도 결국 이 동기를 발명한 것이 의식 자신이라면, 사랑이란 결국 일종의 자의적 유희와 같은 것이

아닌가? 이는 곧 내가 당신을 사랑하는 데에는 그 어떤 필연적인 이유도 없으며, 단지 내가 당신을 사랑하기로 선택한 것일 따름이라는 말과 동일한 것이기 때문이다. 그 누가 이런 답변에 만족할 수 있겠는가?

당연히 이와 같은 답변 역시 만족스러운 답변이 되기에는 역부족이다. 여기에서 우리는 하나의 딜레마와 마주하고 있다. 한편으로 사랑의 감정을 야기한 원인을 구체적으로 제시하는 순간, 이 감정은 심리적 결정론의 틀에 갇히고 만다. 사랑은 단지 특정한 원인으로부터 기계적으로 산출된 결과가 되는 것이다. 이것이 바로 인과적 설명이 언제나 우리에게 실망감을 주는 이유일 것이다. 사랑의 감정이 단지 옥시토신, 도파민 등과 같은 호르몬의 산물일 뿐이라고 말하거나 경제적 자산, 사회정치적 지위, 외모와 같은 유무형의 상징 자본에 따른 합리적 선택에 지나지 않는다고 말할 때, 사랑의 본질을 구성하는 우연성은 말살되고 만다. 그러나 다른 한편으로 사랑을 어떤 원인에도 근거하지 않은 순전히 자유로운 선택이라 규정하는 것 역시 불만족스럽기는 마찬가지이다. 나를 향한 상대방의 사랑이 단지 나를 사랑하겠다는 자발적 약속이 되는 순간, 이 경우 역시 마찬가지로 사랑의 감정은 훼손될 수밖에 없기 때문이다.

   여성철학자의 철학 이야기

"이렇듯 사랑하는 자는 서약(serment)을 요구하면서도 또 이 서약에 대해 화를 낸다. 그는 하나의 자유에 의해 사랑받고자 원하고, 또 자유로서의 이 자유가 더 이상 자유가 아니기를 요구한다. 그는 타인의 자유가 스스로 결정해 사랑이 되기를 바란다. (……) 이와 동시에 그는 이 자유가 그 자체에 의해 사로잡히기를 바라며, 또 이 자유가 열광했을 경우처럼, 꿈속에서의 경우처럼 스스로 사로잡히기 위해 그 자신에게로 되돌아오기를 바란다." 『존재와 무』, 769~770쪽

인용한 구절에서 사르트르가 말하듯, 사랑하는 자는 자신을 향한 사랑의 감정이 상대방의 자유로부터 형성되기를 바라면서도 동시에 그 자유를 원치 않는다. 사랑의 감정이 순전한 자유로부터 시작되며 또한 바로 그 자유에 의해 유지될 경우, 이는 진정성이 의심스러운 것이 된다. 사랑의 감정이 전적으로 주체의 자유에 달린 일이라면 곧 이 사랑은 주체의 변덕에 좌우되는 일, 언제라도 그만둘 수 있는 일이 될 것이기 때문이다. 사랑하는 자가 원하는 것은 '어쩔 수 없이', 요컨대 피할 도리 없이 자신을 사랑하는 일이다. 사랑하는 자는 자신을 향한 그의 사랑이 상대적이거나 우연적이기를 바라지 않는다.

이로부터 탄생하는 것이 바로 '운명적 사랑'이라는 낭만적인, 그러나 역설적인 관념이다. 사랑을 운명이라고 부르는

것은 그것을 필연적인 것으로 이해하려는 시도다. "사실 사랑하는 자가 요구하는 것은 바로 사랑받는 자가 자기를 절대적인 선택으로 만들어 주는 것이다."『존재와 무』, 776쪽 바로 이 지점에서 우리는 사랑의 구조가 본질적으로 모순을 내포한다는 사실을 확인할 수 있다. 사랑하는 자는 타자의 자유로부터 비롯된 감정을 원하면서도, 동시에 그 자유가 더 이상 자유롭지 않기를 원한다. 즉, 사랑은 타자의 자유를 전제하면서도 그것을 폐기하고자 하는 욕망 위에 성립한다. 이러한 요구는 필연적으로 실패할 수밖에 없다. 왜냐하면 타자의 자유를 소멸시키는 순간, 더 이상 그것은 사랑일 수 없기 때문이다. 타자의 자유를 바탕으로 사랑은 성립하지만, 바로 그 자유 때문에 사랑은 언제나 불안정한 것일 수밖에 없다.

사르트르는 사랑의 본질이 이 역설적 구조 속에 있다고 본다. 내가 타자의 자유를 소유하고자 할 때, 나는 그를 단순한 대상, 즉 즉자적 존재(en-soi)로 전락시키고 만다. 그러나 타자가 더 이상 자유로운 대자(pour-soi)가 아니라면, 그로부터의 사랑은 아무런 가치가 없다. 사랑은 오직 타자가 자유로울 때에만 의미를 가지며, 따라서 사랑하는 자는 타자의 자유를 부정하면서도 동시에 그 자유에 의존할 수밖에 없는 모순적 상황에 처해 있는 것이다. 결국 사르트르에게 사랑은 만족으로 귀결되지 않는다. 오히려 사랑은 인간 실존이 지닌 근본적 불

     여성철학자의 철학 이야기

안(angoisse)을 극명하게 드러낸다. 사랑은 자유와 자유의 대립이자, 소유 불가능한 것을 소유하려는 무한한 시도이기에 본질적으로 비극적이다. 그러나 바로 이 비극성 때문에 사랑은 인간 실존의 가장 진실한 양태 중 하나로 남는다. 사랑은 인간이 자유로운 존재라는 사실을, 그리고 그 자유가 타자의 자유와의 긴장 속에서만 의미를 획득한다는 사실을 극적으로 보여 주는 사례인 것이다.

이제 다시 주어진 질문으로 돌아가 보자. 나는 왜 사르트르 철학을 연구하게 되었는가? 사랑의 이유를 묻는 경우와 마찬가지로, 이 질문에 대해서도 두 가지의 답변이 가능할 것이다. 한편에는 사르트르 철학 고유의 특성 — 곧 결정론적 세계관을 거부하고 인간을 스스로 기투하는 존재로 이해한 급진적 관점 — 이 있고, 다른 한편에는 나의 자유가 있다. 하지만 이미 살펴보았듯 이 두 경우 모두 만족스러운 답변이 될 수는 없다. 사르트르 철학의 고유한 특징을 선택의 이유로 제시하는 순간, 그것은 더 이상 자유로운 결단이 아니라 외적 조건에 의해 결정된 선택으로 환원된다. 반대로 단순히 자발적인 선택의 결과라고 답하는 경우, 그 선택은 임의적이고 우발적인 충동에 불과한 것이 되고 만다. 요컨대 선택을 위한 근거를 제시하든 온전한 자유에 입각한 선택임을 말하든 그 어느 쪽도 충분한 답변이 될 수 없는 것이다.

이 곤경으로부터 드러나는 것은 사르트르 철학의 핵심 개념인 '선택(choisir)', 그리고 '자유(liberté)'가 가진 의미이다. 사르트르는 인간의 선택을 특정한 원인에 따르는 필연적 결과로 환원하지 않으면서도 동시에 단순히 무작위적 사건으로 이해하지 않는다. 선택은 인과적 필연성으로 연결된 사건들 사이에 예상치 못한 간극을 만들어 내며, 바로 이 틈새에서 자유가 모습을 드러낸다. 자유는 분명 결정론적 인과의 연쇄를 단절시키고 교란시키는 기제이다. 이런 점에서 보자면 자유란 인간에 의해 나타나는 우연성(contingence)에 다름 아니다. 그러니 다른 한편으로 자유는 단순한 우발적 충동과 같은 것이 아니다. 사르트르가 지치지도 않고 강조하는 것은 관점을 전환해야 한다는 것이다. 결정론적 관점에서 자유란 인과의 일관적 질서를 해치는 우발성일 뿐이다. 그렇기에 사물들의 인과적 연쇄로부터 인간의 행위를 이해하려는 자연과학적 관점, 혹은 무의식으로부터 의식적 결단을 설명하고자 했던 정신분석학의 관점에서 인간의 행위는 늘 불가해한 것일 수밖에 없었다. 그러나 이들이 자유를 단순한 돌발적 변칙에 불과한 것으로 간주할 수밖에 없었던 것은 인간 행동을 이해하기 위한 적절한 관점을 갖추지 못했기 때문이다. 인간 행동을 이끄는 것은 과거의 사건이 아닌 미래를 향한 기투(projet)이다. 자유는 인간 존재가 세계를 초월하여 아직 도래하지 않은 가능성을 향해 자신을 기투하는 방식이다. 자유는 단순한 선택의 능력이 아니라 의식의 본질적 구조를 이룬다. 곧 자유는 의식의 존재 방식 자체이다.

> "의식은 존재하고 있는 어떤 소여로부터의 해방(dégagement)으로, 그리고 아직 존재하지 않은 어떤 목적을 향한 구속(engagement)으로 존재한다."『존재와 무』, 986쪽

사르트르는 정신분석학이 인간의 행동을 결정하는 무의식적 차원의 원인을 규명하려는 시도라는 점에서 정신분석학을 비난한다. 그런 시도는 인간 행동에 인과적 기계론을 도입함으로써 자유를 말살시키는 것이다. 프로이트는 수평적 결정론을 거부하기는 했으나, 이번에는 개인의 무의식이라는 심원한 차원을 끌어들임으로써 기존의 인과적 모델을 수직적 차원의 결정론으로 대체했던 것이다. 그러나 인간 행동에 대한 이해는 다르게 정의되어야 한다. 행동이란 "하나의 가능을 향해 자신을 기투하는 것으로서"『존재와 무』, 950쪽 이해되어야 한다. 곧 "현상을 과거에서 출발해서 이해하는 대신, 그 행위를 미래에서 현재 쪽으로의 회귀로서 이해되는 것으로 생각"『존재와 무』, 948쪽해야 한다는 것이다.

문제의 전환

'나는 왜 사르트르 철학을 연구하게 되었는가'라는 물음은, 인과적 필연성으로 환원될 수 없는 자유에 대한 해명을 요구한다. 나는 사르트르 철학을 연구하기로 선택했다. 이 선택은 외적 조건으로부터 필연적으로 귀결된 결과가 아니며, 동시에 아무 근거 없는 충동의 산물도 아니다. 사르트르가 제시하는 '거꾸로 된 인과 모델'을 따른다면 이 선택은 불확실하며 개연적일 뿐인 과거의 동기를 가리키는 것이 아니라, 현재와 미래의 가능성들을 가리켜 보인다. 이 지점에서 '왜 사르트르인가'라는 물음은 더 이상 특정한 동기나 목적을 제시하기를 요구하는 질문이 아니다. 그것은 오히려 '나는 어떤 존재가 되기를 원하는가'라는 물음으로 전환된다. 내가 사르트르 철학을 연구하기로 했다는 사실은 곧 내가 인간을 자유로운 존재로 이해하고, 그 자유의 무게를 떠맡으며 살아가겠다는 결단을 내렸음을 의미한다.

철학에 효용이 있다면 그것은 이미 고통을 겪고 있는 이들에게 고통의 근본적 원인을 짚어 냄으로써 소견을 제공하는 것, 혹은 스스로 건강하다고 믿는 이들의 보이지 않는 환부를 가리켜 보이는 것일 것이다. 사르트르 철학은 우리에게 바로 그 불편한 진단을 내린다. 인간이 자유롭다는 사실, 그리고 그 자유가 필연적으로 불안을 동반한다는 진실을 직시하게 하는

것이다. 그렇기에 사르트르의 문장들은 우리로 하여금 근본적
인 실존의 물음을 던지게 만든다. 주체로서 우리는 어떻게 살
아야 할 것인가? 이 무거운 자유를 어떻게 감당해야 할 것인
가? 사르트르 철학을 연구한다는 것은 이 불가피한 물음을 회
피하지 않는 일이다.

들뢰즈와
배움

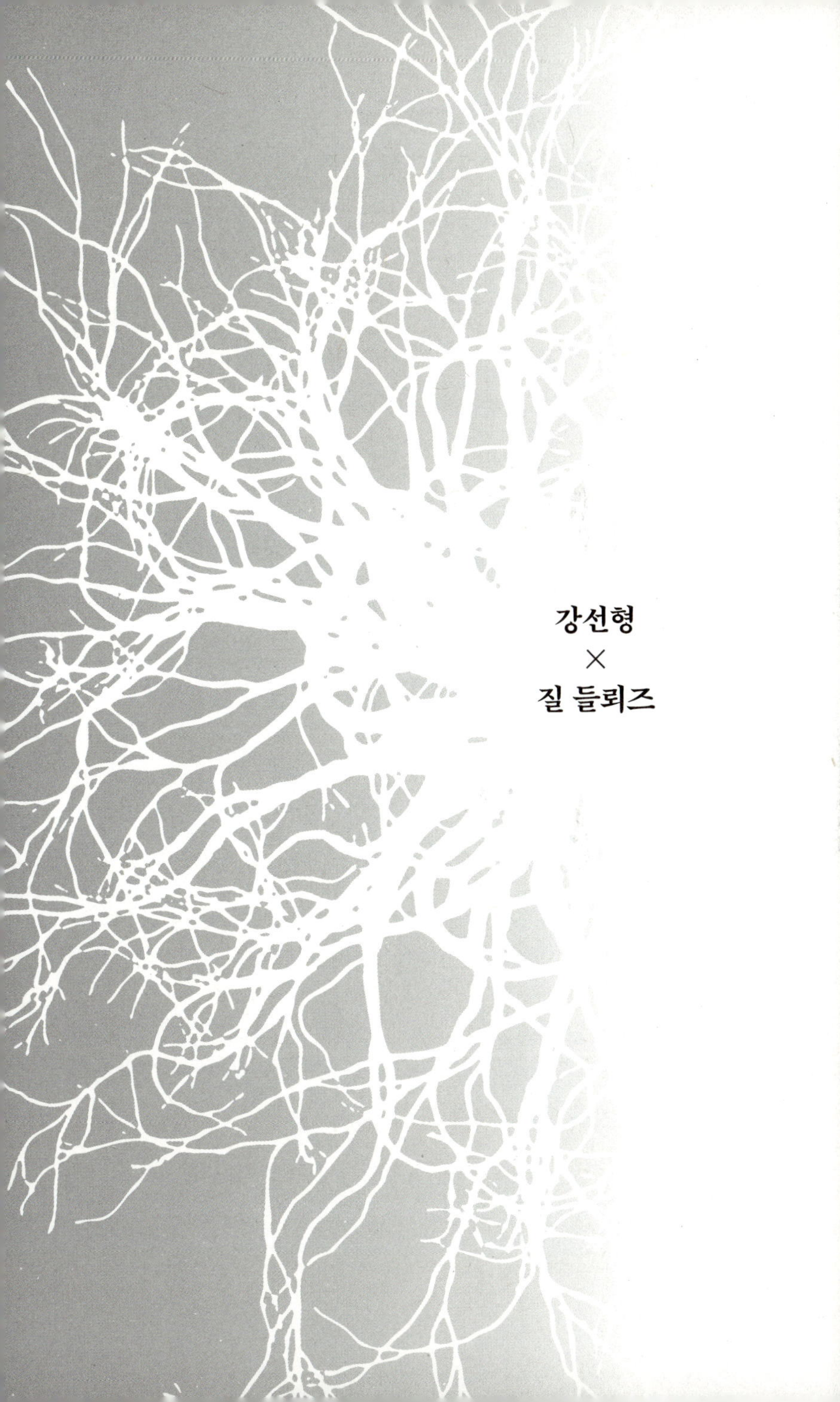
강선형
×
질 들뢰즈

들뢰즈와 배움

들뢰즈를 공부하며 배운 것

한나 아렌트(Hannah Arendt)의 「난민인 우리들」이라는 글에는, 독일계 유대인으로부터 'Dr.'라는 호칭이 쓰인 명함을 받은 자선 모금회 책임자가 '박사님(Herr Doktor), 박사님(Herr Doktor), 부랑자양반(Herr Schnorrer), 부랑자양반(Herr Schnorrer)!'이라고 불렀다는 이야기가 적혀 있다. 아렌트는 난민으로서의 유대인들의 지위에 대해 말하며 박사가 되는 것만으로는 더 이상 충분하지 못했다고 덧붙인다. 이는 당시 유대인들의 상황에 대해 전언하는 맥락에서 이야기되는 것이지만, 철학을 공부하면서 어려움이 닥칠 때마다 아렌트의 이 이야기가 맴돌고는 했다. 부랑자양반, 부랑자양반. 철학은 모든 학문에 있어서 유대인과 같은 처지가 아닌가? 그럴 때마다 질 들뢰즈(Gilles Deleuze, 1925~1995)의 철학은 지치고 힘든 철학적 여정을 이어 나가게 해주었는데, 그가 항상 방황은 모험이라는 것, 그리고 우리가 헛되이 흘려 보내는 시간이 배움의 과정이자 훈련이라는 것, 그래서 우리 삶의 어떤 실제적인 목적들이 아니라 삶 자체가 하나의 천직이라는 것을 상기시켜 주기 때문이다.

철학을 공부하며 겪는 어려움은 철학 자체의 어려움이라기보다는 철학을 둘러싼 환경의 어려움에서 오는 것일 것이다. 왜냐하면 철학을 공부하는 어려움은 그 즐거움에 비하면 매우 작은 것이기 때문이다. 사람들은 날이 갈수록 철학의 죽음이나 예술의 죽음, 인문학의 죽음을 더 자주 이야기하고 경고한다. 철학이 어떤 쓸모를 다했고, 그 쓸모없음으로 인해 사람들로부터 외면당하고 있으며, 결국 어느 누구도 찾지 않게 되면 쓸쓸히 죽음을 맞이하는 운명에 처하게 된다는 것이다. 하지만 들뢰즈는 철학의 쓸모가 무엇이었는지 다시 묻는다. 과거에도, 현재에도, 그리고 미래에도 철학의 쓸모는 그것을 수단 삼아 다른 목적을 이루는 데 있지 않다. 사람들은 철학에 대해 저녁식사 후의 간담에 유용한 것이라고, 그래서 더 이상 화제에 오르지 않으면 의미 없는 것이 될 것이라고 생각하지만, 철학은 그런 것과는 아무 상관이 없다. 철학의 위대함은 오직 철학이 없었다면 아주 큰 자리를 차지했을 아둔함을 줄여 준다는 데에서 나온다. 철학에 다른 쓸모는 없는 것이다. 개념 이 항상 이미 사용하기 쉽게 만들어져 있기만을 기대하는 아 둔함이 이 세계를 지배하게 될 때에도, 여전히 새로운 개념을 창조한다는 것만이 철학의 쓸모다.

철학이란 무엇인가

들뢰즈는 말년에 이르러 그가 평생 연구했던 철학이란 무엇이 었는지 묻는 저작 『철학이란 무엇인가』(1991)를 집필했다. 거 기서 그는 철학을 '개념을 창조하는 학문'이라고 정의하는데, 이는 철학이 과학의 발명이나 예술의 창작과 다르지 않다는 것을 의미한다. 과학이나 예술은 물론 그 자체로 위대한 것이 지만, 철학이 그와 같다는 것은 사실상 진리라는 것을 누구든 지 창조해 낼 수 있다는 것과 같아서, 철학을 큰 위험에 처하게 하는 일이기도 하다. 그럼에도 불구하고 들뢰즈는 철학을 창 조로 정의하는데, 이는 철학에서 가장 중요한 것이 진리의 발 견이 아니라 두개골을 쪼개는 듯한 충격이기 때문이다.

들뢰즈는 예술가들에 대해 지각(percept)을 창조하는 사 람들이라고 말했다. 이때 그는 지각작용(perception)과 지각 을 구분하는데, 고전적으로 지각작용이 주체적 지각을 의미해

　　　　　　　　　　　　　여성철학자의 철학 이야기

왔기 때문에 비인칭적인 지각이나 감각(sensation)의 덩어리와 같은 지각 그 자체를 가리키기 위해서다. 이러한 구분을 통해 들뢰즈가 강조하는 것은 예술가들이 지각과 감각의 덩어리를 만들어 낼 때, 그것이 불러일으키는 복합적인 감각은 각각의 사람들에게 완전히 다르다는 것이다. 우리는 창작의 주체가 감상의 주체에게 그가 느끼는 감각을, 또는 그가 느끼게 만들고 싶은 감각을 전달한다고 생각하지만, 그래서 때로는 성공하고 때로는 실패한다고 생각하지만, 실제로 일어나는 일은 그 자체로 독립적인 지각이 예술가와 감상자 모두와 관계하는 것이다. 예술가들에 의해 새롭게 창조되는 지각은 감상자들에게서 완전히 새롭게 다시 창조된다. 그러므로 우리에게 불러일으켜진 지각은 그저 평온하고 안전하게 관조적으로 전달된 것이 아니라, 우리의 신경을 꼬아 놓고 충격을 가하는 것이다. 그렇지 않다면 그것은 결코 창조적인 감상으로 이어질 수 없을 것이다.

카프카(Franz Kafka)는 행복해지기 위해 책을 읽는 것이 아니라 우리 내면의 얼어붙은 바다를 도끼로 깨부수기 위해 책을 읽는 것이라고 말한 바 있다. 책을 읽어 행복할 수 있는 사람이라면 책이 없이도 얼마든지 행복해질 수 있을 것이다. 자신과 닮은 것을 발견하고 공감할 만한 책이 없다면, 자기가 책을 쓸 수도 있을 것이다. 그렇지만 내면이 깨어지는 고통과 불행 없이 책은 아무런 의미가 없다. 철학적인 개념도 마찬가지다. 철학적 개념도 우리의 습관적인 사고들을 깨부수고 머리가 쪼개질 듯한 충격을 가하는 것이다. 그렇지 않다면 우리의 삶은 철학에 의해 변화될 수 없을 것이다.

철학을 한다는 것

철학은 참이나 거짓과는 관련이 없다. 철학이 진리를 찾아내는 데 무능하다는 것을 시인해야 한다는 것이 아니라, 진리의 발견 자체가 아무 의미가 없다는 것을 받아들여야 한다는 것이다. 참과 거짓의 발견이 의미 있는 것이 아니라, 의미 자체를 찾는 것이 중요하다. 그리고 의미는 오직 의미 있는 문제를 제기함으로써만 찾아질 수 있다. 철학을 한다는 것은 문제를 제기함으로써 우리의 관습적인 세계에 충격을 가하고, 그러한 문제를 이해하고 해결할 수 있게 하는 철학적 개념을 제시하는 것이다. 그리고 그러한 문제를 제기하는 철학적 개념은 철학 안에 있을 수 없다. 문제를 제기할 수 있으려면 이제까지 철학사에서 정립되어 온 모든 개념에 의문을 던져야 하는데, 이는 철학 안에 머물러서는 도무지 이루어질 수 없는 일이다. 그러므로 철학은 우리에게 다른 것들을 보게 하는 것이어야 한다. 철학자들은 예술가들처럼 이제까지 보이지 않았던 무언가

　　　　　　　　여성철학자의 철학 이야기

를 보이게 하는 사람들이다. 그래서 철학은 창조다.

이것이 들뢰즈에게 스피노자와 니체가 다른 철학자들보다 중요한 이유다. 그들은 철학의 바깥으로 나가 우리에게 몰랐던 것들을 보게 하는 위대한 철학자들이다. 들뢰즈는 스피노자와 니체가 모두 초월성(transcendence)을 거부한 철학자들이라고 말한다. 초월성을 거부한다는 것은 이 세계에 공통된 가치를 가지는 개념이 없다고 믿는다는 것을 의미한다. 플라톤의 이데아처럼 이 세계의 모든 개별적이고 변화하는 것들에 공통의 가치를 부여해 줄 수 있는 것은 없다는 것이다. 그래서 스피노자와 니체는 플라톤과 달리 내재성(immanence)의 철학자들이다. 이 세계 너머에 초월적이고 불변하는 기준과 같은 것은 없는 것이다.

들뢰즈 역시 차이(différence), 반복(répétition), 내재성, 강도(intensité), 생성(devenir) 등 그 자신의 고유한 개념과 문제를 만들고, 스피노자와 니체처럼 그 이전에는 아무도 감히 제기하지 않았던 문제들을 제기하고자 한다. 철학 안에서 철학을 벗어나고자 하는 것이다. 개념이 끊임없이 창조되어야 하는 것은 바로 이러한 이유에서이다. 들뢰즈는 마치 끊임없이 콘텐츠가 생산되는 오늘날을 예견하고 있는 것처럼 말하는데, 각종 미디어, 광고 등 다양한 매체가 끊임없이 창의적인 개념들을 발명한다고 믿지만, 개념을 창조하는 건 오직 철학뿐이라는 것이다. 왜냐하면 보편적인 상식이나 공감 등에 기대어 만들어지는 콘텐츠와 달리, 철학은 새로운 개념을 창조할 수 있기 때문이다. 물론 모든 철학자가 그렇게 할 수 있는 것은 아니지만 말이다. 그래서 철학의 죽음이 들뢰즈 시대부터 이미 계속해서 이야기되어 왔지만, 새로운 시대적 상황이 도래하고 그것을 위한 개념이 창조되어야 하는 한, 철학은 결코 죽지 않는다.

글을 쓴다는 것

들뢰즈는 이러한 개념의 창조로서의 철학이 어떤 천재적인 철학자가 자신의 정신 속에서 완성할 수 있는 일이라고 생각하지 않는다. 물론 스피노자, 니체, 그리고 들뢰즈까지 위대한 철학자들을 얼마든지 댈 수 있지만, 그들의 위대함은 자신의 정신세계를 표현하는 데 있지 않다. 오히려 글을 쓴다는 것은 다른 사람이 되는 일이고, 글을 통해 다른 사람이 아니라 글 쓴 자신을 다른 사람으로 변모시키는 일이다. 철학을 통해 철학을 벗어나고자 하듯이, 자신의 글을 씀으로써 자기 자신을 벗어나는 것이다. 예술도 마찬가지다. 들뢰즈는 우리의 삶이란 '개인적인 것'이 아니라고 말한다. 그래서 문학에서든 다른 어떤 예술에서든 작가 개인의 성향이나 인생이 드러나는 것은

　　　　　　　　　여성철학자의 철학 이야기

그다지 좋은 일이 아니라고 본다. 왜냐하면 그것이 개인의 사생활에 얽매여서 더 중요한 다른 것들을 보지 못하게 방해하기 때문이다.

우리는 우리의 삶을 위해 글을 쓴다. 이 사실은 분명할 것이다. 그러나 우리는 무언가 우리와 다른 것이 되기 위해서 쓰는 것이지, 우리 자신의 정체성을 우리의 삶 속에서 그 자체로 온전히 유지하기 위해서 쓰는 것이 아니다. 카프카가 우리 내면을 깨부수는 책만이 필요하다고 말하는 것은 이러한 의미에서다. 너무도 명료하고 분명하게 자신의 개인적인 삶과 가족들의 이야기를 쓸 수 있는 사람이 진정한 작가가 아니라, 더듬거리면서 자신을 언어의 한계까지 밀어붙이는 것, 그리하여 카프카의 소설에서처럼 동물이 되고, 아이가 되는 것이 작가인 것이다. 이러한 의미에서 들뢰즈는 프루스트의 『잃어버린 시간을 찾아서』가 어린 시절 콩브레의 추억을 늘어놓는 전시장이 아니라고 강조한다. 프루스트가 아이가 되는 방식은 그 자신의 유년기를 되찾는 것이 아니라, 모든 사람의 유년기, 세계의 유년기를 향하는 것이다. 그래서 프루스트 소설의 주인공까지도 마들렌을 맛보고 떠올린 감미로운 유년기의 추억을 자신이 기억했던 그대로가 아니라 전혀 새로운 기억의 형태로, 한 번도 경험해 본 적이 없는 형태로 되찾는다.

어떻게 그런 일이 일어나는 것일까? 이는 망각이라는 조건이 없이는 우리의 시간 찾기도 이루어질 수 없다는 것을 생각해 보면 알 수 있다. 플라톤에게 아름다움 자체, 좋음 자체와 같은 이데아들은 변화하지 않고 한결같은 상태로 있다. 우리가 살아가고 있는 이 세계 저편의 이데아의 세계는 무시간적이다. 우리는 그러한 불변하는 이데아에 대한 앎을 망각의 강을 건너 이 세계로 오면서 잃어버린다. 그래서 우리는 무지의 상태로, 그럼에도 불구하고 앎을 갈망하는 본성을 가지고서 살아가게 되는 것이다. 이것이 플라톤의 상기론(想起論)이다. 상기는 무시간적인 세계가 아니라 변화하는 이 세계에서의 우리의 인식론이다. 우리는 잊어버리지 않고서는 앎을 추구하지 못한다. 망각이 없이는 언제나 아는 상태로 태어나 평생 알고 있을 것이기 때문이다. 프루스트의 소설 역시 잃어버리지 않고서는 결코 배울 수 없다는 것을 보여 준다.

우리는 배우기 위해서 잃어버려야 하고, 그러고 나서만 배움을 통해 잃어버린 시간을 되찾을 수 있다. 물론 이 시간의 잃어버림은 기억상실과 같은 완전한 망각을 의미하지는 않는다. 오히려 너무 또렷하고 분명한 기억이 과거의 시간을 생생하게 되살아날 수 없는 죽은 시간으로 만듦으로써 시간을 되찾지 못하게 방해하는 것이다. 너무도 선명하게 찍힌 사진이 당시의 우리를 둘러싸고 있었던 모호하면서도 풍부한 분위기를 제거해 버리고, 날짜와 사실들만을 떠올리게 하는 것처럼

 여성철학자의 철학 이야기

말이다. 시간을 잃어버림으로써 되찾는다는 것은 그 모호하면서도 풍부했던 시간들을 되찾는다는 것이며, 그렇기 때문에 결코 나의 의식이 기억하고 있었던 방식 그대로는 되찾아지지 않는다. 그렇다면 그것은 진정한 잃어버림도, 따라서 되찾음도 아니다.

기호와 잃어버린 시간

이러한 프루스트 소설의 주제는 들뢰즈의 인식론을 표현하는 개념인 기호(signe)와 배움(apprentissage)을 이해하는 데 중요하다. 들뢰즈는 『프루스트와 기호들』에서 프루스트 소설에서의 기호들을 네 가지로 분류하는데, 공허한 사교계의 기호, 사랑에 있어서의 거짓말의 기호, 물질적인 감각적 기호, 예술의 기호다. 이때 사교계의 기호와 사랑의 기호는 잃어버린 시간과 관계한다면, 감각적 기호와 예술의 기호는 되찾은 시간과 관계한다. 이 점에서 우리는 플라톤의 상기론이 그러하듯이 시간을 잃어버리고 되찾는 것이 우리의 인식의 조건이 되는 것임을 알 수 있다.

먼저 프루스트 소설에 드러난 사교계의 기호는 아무것도 지시하거나 의미하지 않는 공허한 기호를 의미한다. 프루스트는 사교계 사람들을 묘사하면서 그들이 진정으로 재미있는 이야기에 웃는 것이 아니라, 재미있는 이야기를 하고 있다는 기호를 만들어 내고, 웃고 있다는 기호를 만들어 낸다고 묘사한 바 있다. 그들은 그들의 기호가 진정으로 무엇을 가리키는지 알지 못하는 채로, 텅 빈 기호만을 만들어 자신의 입장을 나타내게 하고 자신들의 행위나 생각 자체도 그 텅 빈 기호로 대체해 버린다. 그러므로 이 기호가 함축하는 잃어버린 시간은 단지 지나가 버린 시간이라기보다도 우리가 헛되이 낭비해 버리고 마는 시간이다. 프루스트의 소설에서 이는 단지 풍자나 조소의 대상이 아니라, 훨씬 뒤에 그에게, 그리고 그가 속한 세계의 사람들에게 잃어버린 시간의 깊이가 얼마나 깊은 것이었는지를 알게 해주는 것이다. 소설의 마지막에 이르면 주인공은 드레퓌스 사건이 얼마나 그가 속했던 세계를 깊이 변화시켰는지를 그야말로 가시적으로 확인하게 되는데, 사교계의 총아였던 게르망트 부인이나 스완 부인이 광신자나 멍텅구리로 보이게 되었던 것이다.

사랑의 기호 역시 잃어버린 시간을 함축한다. 사랑의 기호가 알려 주는 것은 사랑에 빠진 사람이 애인의 거짓말에 감추어진 진실에 대해 그 진실에 무관심해진 뒤에야 알게 된다는 것이다. 스완은 오데트에게 다른 연인이 있다는 증거를 발견할 때마다 진실을 외면하다가, 어느 날 꿈에서 깨어난 것처럼 사랑이 끝나고 난 뒤 더 이상 아무런 고통도 느끼지 않을 때

　　　　　　　　　　여성철학자의 철학 이야기

야 진실을 직면한다. 이렇게 사랑의 기호는 그 기호의 의미와 관련된 자아가 사라지고 난 뒤에만 이해되는 것이기 때문에, 사랑의 시간은 언제나 잃어버린 시간이다.

이러한 사교계의 기호, 사랑의 기호와 달리, 감각적 기호는 그 기호의 의미와 관계된 자아를 비자발적인 기억을 통해 되살려 낼 수 있는 힘을 가진다. 마들렌을 맛보고 난 뒤 되살아나는 콩브레처럼 비자발적 기억이 잃어버린 시간을 되찾게 해 주는 것이다. 그리고 우리가 앞서 이야기한 것처럼 되살아난 콩브레는 우리의 자발적인 기억, 즉 그 자발성으로 인해 우리에게 죽은 시간만을 되돌려 주는 기억에 의한 회상과는 다르다. 비자발적으로 펼쳐지는 콩브레는 결코 체험된 적이 없었던 새로운 광채 속에서 태어난다.

하지만 마들렌이 되돌려 주는 기억은 여전히 마들렌이 가진 물질성에 기대고 있다. 반면 예술의 기호는 물질성에서 벗어나는 유일한 기호다. 들뢰즈가 분류하고 있는 기호 가운데 예술의 기호가 가장 중요한 이유는 여기에 있다. 소설에서 뱅퇴유의 소나타는 스완에게 어김없이 오데트를 눈앞에 데려다 놓고, 블로뉴 숲의 풍경을 펼쳐 놓는다. 스완은 뱅퇴유 소나타의 소악절을 오데트에게 쳐 달라고 부탁하곤 했는데, 오데트가 아무리 서투르게 쳐도 그의 마음에 남아 있던 아름다운 이미지는 손상되는 법이 없었다. 그리고 오데트와의 기억이 축적될수록 뱅퇴유 소나타는 늘 오데트와 연결되었다. 그래서 스완은 우연히 소악절을 마주할 때마다 오데트를 고통스럽게 떠올린다. 마들렌이 비자발적으로 콩브레를 펼쳐 놓는 것처럼, 스완은 아무리 듣지 않고 떠올리지 않으려고 해도 오데트와의 모든 추억이 펼쳐지는 것을 속수무책으로 바라볼 수밖에 없다.

이렇게 예술의 기호는 그 악기가 어떤 악기이든, 그것을 연주하는 사람이 누구이든, 잃어버린 시간을 되돌려 준다. 그러므로 물질성으로부터 완전히 벗어난 것은 예술의 기호밖에 없는 것이다. 그리고 이러한 비물질적인 예술의 기호가 우리에게 알려 주는 것은 우리가 아무리 우리의 삶을 지성이나 습관, 인상, 클리세, 삶의 실제적인 목적들로 능동적으로 꾸려 나가려고 하더라도 우리는 늘 시간을 잃어버렸으며, 잃어버리고 있다는 진리다. 이러한 시간의 진리가 우리를 절망에 빠트리는 것만은 아니다. 잃어버림은 되찾음의 조건이기 때문이다. 물론 시간을 잃어버리는 것만으로는 충분하지 않을 것이다. 그러나 우리는 어떤 자발적인 의지, 지성의 활동을 통해 배울 수도 없다. 그것이 돌려주는 것은 죽은 시간이며, 죽은 지식, 즉 나의 것이 아닌 추상적이고 보편적인 지식일 뿐이다. 우리는 우리의 삶이 피할 수 없는 기호와의 마주침(rencontre)이었으며, 시간을 잃어버리는 가운데 마주쳤던 그러한 기호들을

                                      여성철학자의 철학 이야기

해독하는 것만이 중요하다는 것을 깨닫게 될 때, 진정으로 배울 수 있다.

기호와 배움

들뢰즈는 이러한 의미에서 진리란 언제나 비자발적인 기호들로부터 '누설되는' 것이라고 말한다. 그러한 누설되는 기호들을 마주하고 해독할 때 우리가 얻게 되는 것이 진리인 것이다. 그런데 이때 우리가 주의해야 할 것은 기호 해독에 정답이 정해져 있지 않다는 사실이다. 기호로부터 누설되는 진리는 나의 주관에서나 그 기호를 방출하는 대상에게서 찾아질 수 없다. 이것이 들뢰즈가 고전적인 인식론에 대항하여 주관과 객관의 구분을 파괴하는 방식이다. 프루스트 소설의 주인공은 어린 시절부터 게르망트 부인이나 발벡이라는 고장 등에서 그 이름을 가진 대상의 모습을 상상해 보곤 한다. 그리고 실제로 그 대상을 만났을 때는 여지없이 실망한다. 이것이 알려 주는 것은 주인공이 자발적으로 이해하고자 할 때 진실을 드러내는 그러한 객관적인 기호란 존재하지 않는다는 사실이다. 또한 게르망트 부인 역시 그 자신이 방출하는 기호의 비밀에 대해 이해하고 있는 자일 수 없다. 사랑하는 대상의 거짓말을 마주할 때 절실히 느끼듯이, 우리는 기호들을 방출하는 대상 자체가 기호의 비밀을 가지고 있다고 여기고 싶어 한다. 그러나 기호의 비밀은 주관에도, 객관에도 있지 않다. 그것은 오직 끊임없는 해독의 과정일 뿐이다.

들뢰즈에게 진정한 진리란 우리를 사유하도록 강제하는 기호가 행사하는 폭력의 결과다. 이러한 기호가 행사하는 폭력을 통해서만 우리는 배움을 얻을 수 있다. 그리고 배움은 객관적인 내용을 습득하는 과정이 아니라 자신의 시간을 직접 잃어감으로써만 가능한 것이다. 우리가 헛되이 잃어버린 시간 동안 기호들을 배우고 있었다는 것을 깨닫는 것이 곧 배움이다. 그러므로 프루스트의 소설은 기호들을 배워 나가는 과정의 이야기라고 할 수 있다. 주인공은 언제나 어떤 순간들이 지나가고 난 뒤에 나중에야 배우게 되는 것이다.

프루스트를 통해 보여 주는 들뢰즈의 이러한 기호와 배움에 대한 사유는 하나의 인식론이기도 하지만, 우리 삶에 대한 진실 어린 위로이기도 하다. 글을 시작하며 이야기한 것처럼 철학을 공부하는 지난한 과정에서, 그리고 고통스러운 삶을 이어 나가는 과정에서, 우리의 방황이 헛되이 흩어져 버리는 시간이 아니라 기호를 배워 나가는 과정이라는 것만큼 나를 지탱하게 해주는 것은 없었다. 철학이 다른 쓸모를 위해 있지 않은 것처럼, 우리의 삶은 무언가 다른 목적을 이루기 위해 있지 않다. 우리의 삶은 그 자체로 우리의 천직인 것이다.

 여성철학자의 철학 이야기

차이와 반복의 세계

차이와 반복의 세계

배움과 수련의 철학

끊임없이 변화하고 생성하기를 멈추지 않는 세계, 그 너머에 다른 고정적이고 불변하는 세계를 가지지 않는 우리 세계를 설명하는 일이 들뢰즈가 스피노자, 니체 등과 함께하고자 했던 일이라면, 그러한 세계를 살아가는 우리의 진정한 모습은 창조로서의 배움 그 자체일 것이다. 나는 이것이 들뢰즈를 공부하고, 또 철학을 공부할 때, 항상 중심에서 계속할 수 있도록 이끌어 주었던 것이라고 말했다. 끊임없는 사유의 창조로 나아가는 과정 그 자체는 목적지 없는 방황처럼 보일지라도 사유를 단련시키는 즐거움과 기쁨의 과정인 것이다.

플라톤은 『국가』 7권에서 감각만으로도 충분한 판단과 지성의 도움을 필요로 하는 판단을 구분한 바 있다. 감각만으로도 충분한 판단은 가령 새끼손가락, 약손가락, 가운뎃손가락이 있다고 할 때 그것들을 모두 손가락이라고 판단하는 것이다. 이러한 판단은 '손가락이란 무엇인가'를 사유하는 지성의 개입을 필요로 하지 않는다. 반면 손가락이 큰지 작은지 또는 굵은지 가는지 또는 부드러운지 딱딱한지와 같은 것들은 감각만으로는 충분히 밝혀낼 수 없다. 왜냐하면 동일한 손가락도 크다는 감각과 작다는 감각 등 상반된 감각을 동반할 수 있고, 그러한 감각이 주는 혼란을 판별할 수 있는 힘은 지성에 있기 때문이다. 들뢰즈가 플라톤의 이러한 사유에서 발견하는 것은 '손가락이란 무엇인가'와 같은 질문을 통해 손가락의 '본질'과 같은 것을 사유해야 한다는 것이 아니다. 플라톤이 이러한 구분을 통해 사유를 가만히 내버려두는 사태와 끊임없이 사유하도록 강요하는 사태로 나아간다는 점이다. 손가락을 알아보는 것은 대상을 재인식(récognition)하는 것에 그치지만, 상반된 감각들로 혼란스러운 대상은 우리에게 사유하기를 강요한다.

플라톤은 감각만으로 충분한 판단에 머무는 것이 수에 관한 이론을 단지 계산을 위해서 배우는 것과 다르지 않다고 본다. 반면 수의 본성을 사유한다는 것은 우리의 영혼을 본질의 세계로 이끌어 수 자체에 대해 사유하는 것이다. 그래서 플라

      여성철학자의 철학 이야기

톤에게 '이것은 무엇인가'라는 물음은 그 자체로서의 이데아에 다가갈 수 있게 해주는 근본적인 질문의 형태다. 그렇지만 플라톤이 '정의란 무엇인가', '아름다움이란 무엇인가' 등의 물음을 통해서 접근하는 이데아는 미규정적이다. 모든 경험적인 수준의 답들은 결코 정의의 이데아나 아름다움의 이데아에 대한 궁극적인 답이 될 수 없다는 방식으로 미규정적인 지평만을 열어 두는 것이 이데아 탐구 방식인 것이다.

대화 가운데 섬광처럼 빛을 발하고는 아름다운 말, 아름다운 꽃, 정의로운 사람, 정의로운 사건 등 모든 경험적 수준의 답들을 침묵에 빠트리기만 하는 것이 이데아라면, 이는 우리를 허무주의로 빠트리는 것이 아니라 오히려 끊임없는 탐구를 가능하게 한다. 앞서 살펴보았지만 들뢰즈가 말하는 기호는 감각들의 혼란 속에서 '이것은 손가락이다'라는 재인식의 차원에 머물게 하지 않고, 끊임없이 '손가락이란 무엇인가'의 차원으로 나아가도록 강제하는 것이다. 그래서 들뢰즈는 비자발적인 것만이 진정으로 사유일 수 있고, 사유 안에서 강제를 야기하는 것만이 사유일 수 있다고 말한다. 감각들의 혼란이 지성을 사유하도록 강제하고, 그것을 통해 우리가 진정한 물음, 즉 끝나지 않는 물음으로 나아갈 때, 그것만이 진정한 사유인 것이다. 들뢰즈의 차이(différence)라는 개념은 플라톤의 이데아처럼 그 본질이 이 세계 너머에 규정되어 있는 것이 결코 아니다. 그러나 미규정적인 것으로서 능동적인 지성의 힘으로 사유될 수 있는 어떤 것이 아니면서도 사유되어야만 하는 어떤 것이다. 그러므로 우리의 탐구와 배움의 과정은 끝나지 않는다.

들뢰즈는 진정한 배움이란 모방을 통해서는 결코 얻어지지 않는 것이라고 강조한다. 모방을 통해서는 새로운 창조가 이루어지지 않기 때문이다. 기호 해독에는 결코 답이 정해져 있지 않기 때문에, 기호가 강제와 폭력을 통해 가능하게 하는 배움 역시 진정한 의미에서는 또 다른 창조적 활동이어야 한다. 모래사장에서 본 수영 교사의 운동을 모방했다고 하더라도 우리가 수영을 어떻게 배웠는지 설명하는 것은 어려운 일이다. 마찬가지로 언어에 친숙해지고, 철학자가 되고, 어떤 어휘를 사용하여 사유를 배우게 되는지 더더욱 설명하기 어렵다. 그래서 '이렇게 해봐', '저렇게 해봐'라는 조언들은 언제나 우리를 공포와 무력감에 빠트리고, '함께해 보자'라는 방식으로 기호와 끊임없는 마주침을 함께하는 사람만이 우리의 진정한 스승이 된다. 우리는 모두 다른 방식으로 기호와 마주치고, 기호로부터 다른 배움을 얻는다.

그래서 시험에 통과하기 위해서가 아니라 진정으로 배우기 위해서 우리가 따라야 하는 방법과 같은 것이 정해져 있지 않다면, 우리에게 있는 것은 오직 수련, 훈련, 도야뿐이다. 배

   여성철학자의 철학 이야기

움은 끊임없는 운동이고, 들뢰즈의 표현에 따르면 '비자발적인 것의 모험'이다. 끊임없는 기호의 폭력을 통해 사유는 수련의 운동을 하게 되는데, 이것이 목적지 없이 떠나는 모험과 같은 것이다. 플라톤에게 상기의 운동은 완전한 앎으로도, 완전한 무지로도 환원되지 않는다. 왜냐하면 우리는 이미 알고 있는 것에 대해서는 알고자 하지 않으며, 모르고 있는 것에 대해서는 알고자 할 수 없기 때문이다. 그러므로 진정한 배움의 운동은 목적지 없이 끊임없이 계속되는 것이며, 이것이 우리가 앞서 말한 '창조'로서의 철학의 본모습이다.

차이와 반복

들뢰즈의 철학은 1968년 국가 박사학위 청구 논문으로 제출된 『차이와 반복』을 기점으로, 그 이전까지의 연구는 소위 '철학사 연구'로 구분되고, 이후에 진행된 작업들은 68혁명 이후의 시대적 상황을 진단하면서 더욱 실천적인 철학의 방향으로 나아갔다고 이야기된다. 특히, 가타리와 함께 1972년 『안티 오이디푸스』, 1975년 『카프카』, 1980년 『천 개의 고원』 등을 공동 집필하면서 들뢰즈 철학은 새로운 전환을 맞는다. 하지만 가타리와의 공동 작업이 진행되는 가운데에도, 들뢰즈가 『차이와 반복』에서 전개했던 끊임없이 변화하고 생성하는 시간에 관한 이론은 계속해서 근저에서 유지되면서 작동한다. 『안티 오이디푸스』는 과거에 발견했던 생산적인 욕망과 무의식을 하나의 관념론으로 만들어 버린 정신분석학을 비판하는 저서인데, 이러한 '오이디푸스화'에 저항하는 길로 제시되는 것이 분열증이다. 분열증은 우리가 앞서 이야기했던 철학을 통해 철학을 벗어나는 일이나 글을 씀으로써 자기 자신이 되는 것이 아니라 타자가 되는 것이라는 논의와 모두 연결되어 있는 개념이다. 우리는 끊임없이 우리 자신으로, 또 우리의 지성과 지식으로 돌아오는 것이 아니라, 우리 자신이 곧 우리 자신에 대한 타자가 됨으로써 욕망의 억압에 저항할 수 있는 것이다. 『천 개의 고원』 역시 이러한 분열증 개념을 정립하고 있으며, 『카프카』 또한 법 또는 법칙이 어떻게 우리 자신을 구속하는 방식으로 작동하는지 연구하면서 스스로의 억압에서 우리 자신을 해방시킬 수 있는 방법을 모색한다.[*]

　　이러한 분열증 개념과 해방 이론을 뒷받침하고 있는 것이 끊임없이 변화하고 생성하는 시간론이며, 이러한 그의 시간론을 가장 잘 표현하고 있는 개념이 반복(répétition)이다. 들뢰즈의 차이 개념은 우리에게 재인식될 수 있는 형태로, 즉 '지식'

---

[*] 자세한 논의는 강선형, 「들뢰즈와 아감벤의 법 개념」, 『철학연구』 68권, 고려대학교 철학연구소, 2023 참조.

　　　　　　　여성철학자의 철학 이야기

의 형태로 드러나지 않는다. '다시 알아보는' 재인식은 항상 동일성을 전제하기 때문이다. 그래서 차이를 사유하는 방식은 사유될 수 없음에도 사유되어야만 하는 것이었다. 반복 개념은 차이가 어떻게 변화와 생성으로서의 세계를 가능하게 하는지 설명해 주는 개념이다. 이를 통해 세계에 고정되고 불변하는 참과 거짓, 선과 악, 옳고 그름과 같은 것은 없으며, 우리가 그에 대한 보편적인 믿음 속에서 우리 자신을 억압하고자 할 때 저항의 길을 열어 놓을 수 있다.

들뢰즈는 『차이와 반복』에서 반복 이론을 전개하면서 현재, 과거, 미래의 차원을 각각 흄, 베르그손, 니체를 통해 설명한다.[**] 먼저 현재는 흄이 말하는 원초적 습관들과 관련되어 있다. 흄은 현재 익숙해진 대상들의 동일한 궤적을 미래에도 기대하도록 결정되어 있는 것이 어떤 지성의 작용이 아니라 습관에 의해서라고 강조한 바 있다. AB, AB, AB, A…라는 형태의 반복에서 A가 나타났을 때 B가 나타날 것을 기대하는 것은 지성의 사고 작용에 의해서가 아니라 습관에 의한 것이다. 과거가 현재의 습관으로 드러나고, 현재의 습관이 미래에도 드러나게 되는 방식으로, 현재는 과거와 미래를 구성하는 중심

[**] 보다 자세한 논의는 강선형, 『들뢰즈와 칸트: 차이와 이념의 철학』, 에디스코, 2024, 6장 참조.

이다. 그렇지만 이 차원에만 머물 수는 없는데, 현재의 구성에 의해 현재화되어 버린 과거가 아니라 그 자체로 있는 과거에 대해서도 말할 수 있어야 하기 때문이다. 우리의 지성에 저장되어 있어서 자발적으로 언제든지 떠올릴 수 있는 과거와 다른, 프루스트의 콩브레와 같은 과거의 차원 말이다. 베르그손은 이를 '순수 과거(passé pur)'라고 불렀다. 이는 현재 시점의 우리들 자신에게서가 아니라 우리를 떠나서 과거 그 자체가 존재하는 곳에서 파악되어야 하는 것이다. 마지막으로 미래의 차원이 변화와 생성으로서의 시간을 설명하는 데 있어 가장 중요한 것인데, 들뢰즈는 니체의 영원회귀(éternel retour) 개념을 통해 오직 차이 나는 것만이 돌아오는 시간을 설명한다.

미래(avenir)란 도래할 것(à-venir)이다. 무엇이 도래하는가? 오직 차이 나는 것만이 도래한다. 앞서 말했던 것처럼 프루스트의 콩브레가 완전히 새로운 모습으로 펼쳐질 수 있다면, 그것은 주인공이 어린 시절을 보냈던 콩브레와의 유사성에 기대어서일 수 없을 것이다. 다시 돌아오는 것, 즉 반복되는 것인데, 반복되는 것은 오직 차이뿐이다. 어색하게 들리더라도 이는 사실 당연한 이야기다. 동일한 것이 반복된다면 우리는 그것이 반복이라는 것 자체도 알아볼 수 없을 것이기 때문이다. 반복되는 것은 차이이며, 미래란 그러한 차이가 되돌아오는 반복의 시간이다. 동일한 것이 아니라 차이 나는 것의 반복으로

     여섯철학자의 철학 이야기

서 영원회귀는 그 자체로 새로운 것이며, 끊임없이 새로운 것만을 생산한다. 동일성에 기대어 재인식되고 재발견되고 재수용되어 왔던 것들을 거부하는 힘은 이러한 끊임없이 새로움을 생산하는 시간의 본성으로부터 나오는 것이다.

니체는 생성의 최종 상태나 균형 상태를 결코 전제하지 않았다. 그런 것이 있다면 우리에게는 '생성된 것'이 분명 주어져 있어야 할 것이다. 그렇기 때문에 생성은 결코 종결되지 않으며 언제나 생성되고 있는 것, 즉 차이만이 끊임없이 되돌아오는 것이어야 한다. 동일한 것이 돌아오는 것이라면 그것은 이미 생성된 것으로서 우리에게 규정될 수 있는 것으로 주어질 것이다. 그러나 돌아오는 것은 항상 새로움이다. 이것이 니체를 통해 들뢰즈가 정립하는 '차이의 반복'이다. 영원회귀로서의 반복은 끊임없이 새로움을 생산하는 것이기 때문에, 어떤 질서로도 환원되지 않는 창조적 무질서 혹은 창조적 혼돈이다. 이러한 반복이 우리의 삶의 조건이기 때문에 우리는 고정되어 있고 질서 지어져 있는 것들에 저항하면서 창조할 수 있는 힘을 가질 수 있는 것이다.

반복이라는 조건

이러한 반복으로서의 시간이 우리 행위의 조건이라는 것을 잘 보여 주는 것은 역시 프루스트의 소설이다. 소설에는 눈에 띠는 반복이 등장하는데, 바로 주인공의 사랑의 실패의 반복이다. 주인공은 사랑하는 여인이 다른 이와 산책하는 모습을 볼 때마다 그가 누구일지 의심하면서, 어린 시절 어머니에게 저녁 키스를 하지 못하게 되었던 시간의 고통을 떠올린다. 저녁 식사에 손님들이 초대되는 날이면 어머니가 주인공의 방으로 올라오지 못하곤 했는데, 그러면 주인공은 어머니를 쟁취하기 위해 온갖 수를 써 보는 것이었다. 어느 날은 잠들지 않고 어머니를 기다려 어머니와 함께 잠을 청할 수 있게 되었는데, 그것이 어머니의 의사에 반하는 승리였음을 알고 깊은 슬픔을 느낀다. 주인공은 그날 밤을 '새로운 시대가 시작되는 날'이라고 말한다. 새로운 시대가 시작되는 어느 날 밤 주인공이 배웠던 슬픔은 어머니가 밤새 잠에 들지 못하는 자신의 옆을 지켜 주는 것이 전혀 행복하지 않다는 사실에서 온 것이다.

이러한 어린 시절 사랑의 실패는 주인공에게 실패가 찾아올 때마다 환기된다. 그런데 중요한 것은 이 어머니에 대한 주인공의 사랑의 실패는 주인공의 사랑의 실패의 근원이 아니라는 점이다. 주인공에게 자기가 없는 쾌락의 장소에 애인이 가 있다는 것을 느낄 때의 고뇌를 가르쳐 준 것은 스완이다. 주인공의 어머니에 대한 사랑이 주인공 개인의 경험으로는 첫 실패이겠지만, 스완이 개인을 넘어 사랑의 실패의 원리를 담고

 여성철학자의 철학 이야기

있는 진정한 첫 항으로 등장하는 것이다. 들뢰즈는 프루스트의 소설을 통해 우리의 사랑이 어머니에 대한 감정을 반복하는 것이 분명하다고 하더라도, 이미 이 감정은 우리 자신이 체험하지 않은 다른 사랑들을 반복하고 있다고 강조한다.

그러므로 반복이란 차후에 유사성을 발견하고 반성적으로 성립시키는 개념이 아니라, 항상 이미 우리 행위의 조건이다. 마르크스가 세계사에서 막대한 중요성을 지닌 모든 사건과 인물은 반복된다고 말한 것처럼, 그런데 그것이 한 번은 비극으로, 한 번은 희극으로 나타난다고 말한 것처럼 말이다. 삼촌 나폴레옹과 조카 나폴레옹은 단지 유사성으로 인해 반복되었음을 반성하게 되는 것이 아니라, 과거가 현재 사건의 조건이 된다는 것을 알려 주는 것이다. 마르크스는 인간이 분명 자신의 역사를 만들어 가지만, 그들 스스로 선택한 환경에서 그들이 꼭 바라는 대로가 아니라 과거로부터 조건 지어진 환경에서 역사를 만들어 간다고 말한다. 그의 표현에 따르면 죽은 세대의 전통이 악몽처럼 살아 있는 세대의 머리를 짓누른다. 마찬가지로 스완의 사랑의 실패와 주인공의 사랑의 실패라는 반복적인 사실들이 있고 유사한 것의 반복을 인식하는 것이 아니라, 사랑의 실패의 반복 그 자체가 조건이다.

들뢰즈 철학으로 할 수 있는 것

다시 한번 강조하지만 이러한 반복 개념은 결코 우리를 허무주의로 빠트리지 않는다. 오히려 반대로 우리는 반복이 우리 행위의 조건이라는 사실을 통해 오직 새로운 것만을 도래하게 하는 역량이 우리에게 있음을 확인한다. 동일한 질서, 관습, 억압, 폭력이 되돌아오는 것을 막고, 새로움만이 도래하게 하는 것이 삶의 진정한 역량인 것이다.

니체는 당나귀의 긍정과 디오니소스의 긍정을 대립시킨 바 있다. 당나귀의 긍정은 '아니요'라고 말할 줄 모르는 긍정, 즉 오직 반응으로서 긍정의 답만을 하는, 어떤 부정도 포함하지 않는 긍정이다. 당나귀는 인내심이 강해 절대 '아니요'라고 말하지 않는다. 이는 당나귀가 오직 자신에게 주어진 짐을 지고 책임을 떠맡는 것, 즉 있는 그대로의 현실에 복종하고 그것을 감당하는 긍정만을 할 수 있음을 의미한다. 당나귀는 자신의 등에 진 짐의 무게를 달고 평가하여 오직 그것만을 현실적인 것으로 느끼고 긍정한다.

들뢰즈는 인간도 니체가 말하는 당나귀처럼 '긍정의 공무원'이 될 수 있다고 말한다. 이미 결정되어 있는 가치 평가를, 즉 지배적인 것이 되어 진리라고 불리는 것을 승인하기만 한다면, 이는 당나귀의 긍정과 다르지 않은 것이다. 반면 디오니

소스의 긍정은 '아니요'라고 말할 수 있는 '예'다. 현실적으로 주어진 모든 것을 주어진 그대로 짊어지도록 만드는 보수주의를 거부하고, 삶의 조건으로서 반복, 생성, 새로운 가치의 창조를 긍정하는 것이다.

이렇게 영원회귀는 새로운 가치를 창조하는 사유의 조건이다. 우리는 우리 자신에게 긍정될 수 있는 새로운 것만을 돌아오도록 하는 선별적 사유를 할 수 있다. 이를 위해서는 니체처럼 물으면 된다. '지금 이 삶을 다시 한번 살기를, 더 나아가 무수히 반복하기를 원하는가?' 이것이 영원회귀의 시험이다. 이 물음을 견딜 수 없는 것들은 아무것도 되돌아올 수 없다. 기존의 질서를 재인식하고, 재확인하고, 재승인함으로써 답보 상태에 머무는 것에 저항하고, 오직 새로운 가치만을 돌아오게 선택할 때만 이 시험을 견딜 수 있는 것이다.

이러한 의미에서 들뢰즈는 니체의 영원회귀를 새로운 윤리적 사유라고 본다. 미리 전제된 상위의 선을 기준으로 삶을 정당화하고 심판하고자 하는 것에 반대하고, 삶을 선악의 저편에 놓고자 하기 때문이다. 이것이 니체와 함께 들뢰즈가 우리의 삶을 구원하는 방법이다. 삶은 무언가에 비추어서가 아니라 그 자체로 긍정되어야 하는 것이다.

그런데 들뢰즈는 이러한 새로운 윤리적 사유가 아주 나약하고 허약한 것이라고 말하기도 한다. 왜냐하면 언제든 옳고 그름의 명확한 잣대를 들이미는 자들에게, 그리고 또 반대로 자신의 삶을 그 자체로 긍정한다고 말하면서 그 자신의 타고 난 성격을 바꾸려 들지 않는 자들에게, 이러한 윤리적 사유는 아무런 힘을 발휘할 수 없는 무력한 것이 되어 버릴 것이기 때문이다. 그러나 들뢰즈는 그러면서도 나약하고 허약할지라도 이것이 우리의 삶의 유일한 기회라고 말하는데, 우리가 우리 자신과 다른 것이 되고, 끊임없이 변화하고 생성함으로써 우리의 삶을 긍정될 수 있는 것으로 만드는 방법은 이 새로운 가치를 창조하는 윤리적 사유일 수밖에 없기 때문이다.

이렇게 들뢰즈의 철학은 우리에게 어떤 가치가 옳은지, 또 어떤 가치가 진정으로 가치 있는지 등 어떠한 정답도 주지 않는다. 앞서 우리는 철학의 죽음이나 예술의 죽음과 같은 것을 이미 언급했지만, 철학에 정답이 없다면 점점 더 사람들은 철학에 관심을 잃어 갈 수도 있을 것이다. 그렇지만 들뢰즈 철학을 통해 얻게 되는 것은 다른 무엇이 아니라 끝도 없는 질문들을 배우는 즐거움 자체다. 끊임없이 묻고, 창조하고, 그럼으로써 얻어지는 즐거움 속에서 우리는 우리의 삶을 구원하게 되는 것이다. 삶에 빗대어 보면 우리는 이를 잘 알 수 있다. 우리가 누구인지 말해 주는 것은 무엇을 이루었는지가 아니라 무엇을 갈구했는지일 것이다. 만일 나 자신을 말해 주는 것이 무엇을 이루었는지라면, 우리는 우리 자신에 대해 삶의 끝자락에서나 알게 될 것 아닌가? 철학은 늘 목적지가 아니라 여정에 관심이 있다. 끊임없는 발명으로서의 철학은 궁극적인 목적지를 가지지 않는 모험인 것이다.

푸코와 함께
현재를 사유하기

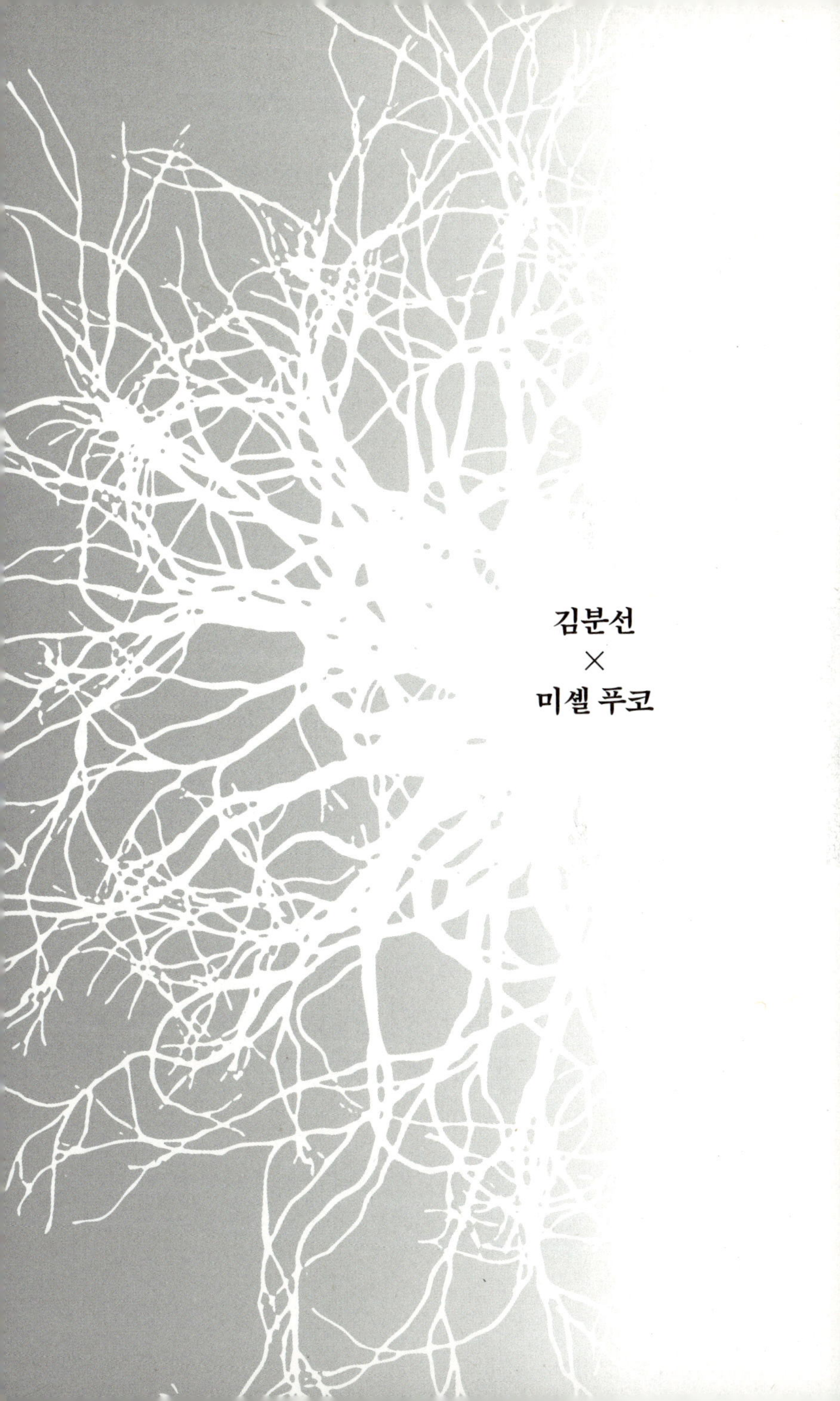
김분선
×
미셸 푸코

멋진 인간이 되려는 분투, 철학과 함께 살기

철학을 소개할 준비

일상적인 만남에서 가장 당혹스러운 순간은 타인이 나에게 전공을 묻는 순간이다. 특히 적당한 거리에서 알고 지내던 다소 낯선 상대가 나와의 거리를 좁히기 위해 묻는 경우는 더 그렇다. 공유할 이야기를 찾고 싶어서 또 가벼운 인사 차원에서 던지는 전공에 관한 일상적인 질문은 나에게는 답하기 곤란한 질문처럼 느껴질 때가 대부분이다. 아주 일반적이고 상식적인 이 질문에 답하는 순간 질문자의 의도와 다르게 나와 질문자와의 거리는 확대될 것이기 때문이다. 현재 위치한 각자의 자리에서 마음의 거리가 좁아지기는커녕 최소 두 배 이상 멀어지리라는 것을 답을 하는 나는 이미 알고 있다.

　전공을 묻는 물음에 나는 빨리 두 가지 길 중 하나를 택해야 한다. 첫번째는 나의 전공이 '철학'임을 솔직하게 말하는 것! 두번째는 나의 전공을 넓은 범주에서 '인문학'과 같이 약하게 답하는 방법이다. 첫번째의 길은 질문하는 사람에게 전공의 정체를 폭로하면서 발생할 여러 불편함을 감수할 마음의 준비가 되어 있을 때 택하는 길이다. 또 상호 간에 알아가기 위한 불편한 시간을 내어 주고 충분한 설명을 통해 그 사람과의 거리를 좁히겠다는 나의 의지가 포함된 대답이다.

　우선 전공을 말함과 동시에 몇 초간 우리는 서로 말이 없을 것이다. 침묵이 주는 무게를 느낀 후, 어떤 연유로 그러한 전공을 택했고 지금은 무엇을 하는 사람인지에 대한 후속 질의를 이어 가야 한다. 재미있는 지점은 바로 여기인데, 서로 간에 가벼운 대화를 하고자 던진 이 질문에 그 답이 철학이 되는 순간, 그 대화의 참여자 혹은 대화 참여자 밖의 모든 주변인까지도 가볍지 않은 침묵의 무게를 경험해야 한다는 점이다. 그런데 이때 이 무거운 침묵을 깨야 하는 사람은 질문을 던진 상대가 아니다. 이 무게를 감수해서라도 답하려 했던 내가 되어야 한다.

　나는 철학에 대해 알지 못해 낯설어하는 사람들에게 유쾌한 농담으로 분위기를 전환시킬 기회를 주거나 다소 진지한 2

차 질의를 받을 준비가 되었다는 신호를 보낸다. 그들의 궁금증을 자연스럽게 해소할 길을 내가 열어야 한다. 이 대처가 적절하게 이뤄지지 않는다면, 우리의 다음 만남은 성사되지 않을 수도 있다. 아니 세상에 어떤 전공이 자기소개에 대한 이런 무지막지한 대가를 치르게 한단 말인가? 처음에는 다소 억울하기도 했지만, 아예 이해하지 못할 바는 아니었다. 나는 어느 순간 나의 소개를 철학 연구자에게 주어진 작은 숙제처럼 여기게 되었다. 그리고 나는 반복되는 소개의 경험 속에서 어느덧 세련되게 답할 방안을 모색하기에 이르렀다. 우선 기억해야 할 가장 중요한 점은 우리가 함께하는 침묵의 시간이 길어지지 않도록 빠르게 대처해야 한다는 것이다. 그리고 다소 너무 진실한 답일 수도 있으나, 나도 내가 공부하는 철학을 완전히 알지 못해서 여태까지 어린아이처럼 성장하기 위해 머물고 있다고 고백해야 한다는 점이다.

내가 접한 일상에서 마주하는 사람들에게 철학이란 다소 낯설고도 기이한 풍경과도 같다. 또 그 풍경은 우리 주변에 늘 있으나 관심을 가져야만 펼쳐지는 광경이어서 우연히 접할 수 있는 경험의 세계도 아니다. 그러면서도 철학은 부인할 수 없는 전통성과 높은 경지의 학식을 요구하는 영역으로 보여지고 실제로도 그렇다. 또 그러면서도 그들의 고고함이 물질적인 풍요를 가져다주는 것도 아니기에 그저 잘난 체하는 소리로

 여성철학자의 철학 이야기

여겨지기도 한다. 이런 복합적인 시선들을 종합해 보면 철학 자체의 고상함에 대해 갖는 감정적 존경과 철학하는 사람에게 갖는 다소 긴장된 거부감 사이 그 언저리 어디 즈음에 철학 전공자에 대한 시선이 있을 것이다. 이는 철학과 일상의 거리만큼이나 나와 타자 사이의 마음의 거리를 낳는다.

이렇게 일상에서 만나기도 어렵고 마주하기도 어렵고 더 나아가 이해하기도 어려운 철학의 세계에서 나는 왜 이토록 오랜 시간 머물러 있는 것일까? 이는 나에게 주어진 가장 큰 질문이자 여태까지도 답을 찾아 헤매게 하는 고된 질문이기도 하다.

철학의 멋에 빠져들기

철학을 전공으로 택하고 철학과에 입학한 여러 이유가 있겠지만 대학에서만큼은 하기 싫은 공부 말고 내가 하고 싶은 공부를 하고 싶다는 생각이 가장 컸던 것 같다. 또 하나 철학과에 입학하고 만난 교수님들의 모습에서 어떤 알 수 없는 멋짐을 보았던 것 같다. 종합적으로 생각해 보면 청춘의 열망과 멋짐에 대한 낭만이 나를 철학과에 오래 붙들어 두었던 요인인 것 같다. 사실 '멋'이라는 말을 사전적 의미로 말하자면 간단하게 표현할 수 있을 것이다. 그런데 이 멋을 안다는 것, 멋을 가졌다는 것, 멋짐을 드러내는 것, 그 자체로 멋있다는 것은 특정한 사람, 특정한 대상이 소유한 아주 특별한 어떤 것이다.

　내가 생각할 때 멋은 예쁨이나 좋음, 아름다움과 달라서 형식적인 질서에 따라 형성되는 것이 아니다. 때론 형식적이어서 때론 형식에 어긋나서 때론 형식과 무관하게 발휘되기도 하고, 발휘되지 않아서 멋진 그런 경우들도 있다. 어떤 여유, 강한 내면, 그 강렬함을 조율하는 이성, 열정을 뿜어내는 보이지 않는 에너지… 이런 것들이 일종의 조화를 통해 시시각각 때에 맞게 발휘될 때 우리는 그 어려운 멋과 만날 수 있다. 나는 철학을 전공한 선생님들의 모습에서 그런 멋을 봤었던 것 같고, 그런 멋에 인생을 걸어 볼 이유를 찾았던 것 같다. 그 결과가 무엇이 되었든 그래도 한 번은 가 보고 싶은 길과 마주할 기회가 나에게 왔다면 그 길은 가야 하는 길이다. 내가 해야 하는 많은 선택 중에 아주 중요한 선택을 아무 고민 없이 덥석 할 만큼 철학과 철학하는 사람들은 그토록 강렬한 멋짐을 느끼게 해주었다.

　지금에 와서 생각하면 내가 보았던 멋짐의 정체는 무엇이었을까? 칸트가 말하듯 '만학의 여왕인 철학'을 자기 사유로 가지고 있는 사람들이 보여 주는 지적 자신감이었을까? 아니면 세상 속에 있으나 세상을 초탈한 것처럼 보이는 혜안 때문이었을까? 아마도 지금의 내가 그때의 나를 돌아보자면 철학의 특권과도 같은 사유의 기술을 통해 주어진 삶을 살기보다는 내가 주도하는 삶을 살 수 있을 것이라는 어떤 희망을 보았던 것 같다. 나에게 주어진 것들에 만족하며 누군가 짜 둔 삶을 따라 사는 것이 아니라 내가 나의 사유를 통해 창조하는 삶으로 내 인생을 꾸릴 수 있지 않을까? 하는 그런 생각 말이다.

나의 모든 선택이 그 나름의 이유가 있다고 나에게 설명할 수 있는 삶, 내게 주어진 모든 것들에 최선을 다해야 한다고 말하기 이전에 그 이유를 설명하며 나를 설득할 수 있는 삶, 소중한 것을 아껴야 한다면 나에게 그것이 왜 소중한지 그 이유를 먼저 찾게 하는 그런 삶 말이다. 철학의 오랜 물음인 "왜"라는 질문을 어떻게 던지고 어떻게 그에 답해야 하는가를 익힐 수 있는 그런 흥미로운 시간이 나에게 주어진 것이다. 이를 마다할 어떤 이유도 찾을 수 없었다. '왜'에 대한 모든 답을 지식의 바구니에 담을 수 있는 사람들이 모인 곳, 그리고 나 역시 그런 지식의 바구니를 꿰찰 기회가 왔다는 것은 엄청난 행운이었으리라.

철학은 지혜를 사랑하는 사람들이 진리를 찾고자 모여드는 지식의 전당이다. 모든 걸 물을 수 있는 자유도 모든 걸 답할 수 있는 자유도 준다. 세상 안에 세상 밖에 혹은 세상이 아닌 어떤 곳에서든 그곳이 어느 곳이든 있을 수 있고 그 어떤 것에 대해서도 말할 수 있다. 네모의 세상, 세모의 세상, 동그라

미나 지그재그의 세상, 그물의 세상 또 그 모든 것들을 초탈한 세상도 철학엔 있다. 역시 그 세상을 살아가는 다른 모든 종류의 인간과 물상도 만날 수 있다. 또 그들과 완전하게 단절하고자 나만의 애드벌룬을 띄울 수도 있다.

이토록 자유롭고 도발적이고 일탈적인 학문은 어디에도 없다. 바로 그 자유를 얻는 자가 철학자이다. 내가 대학에서 철학을 전공한 선생님들의 모습에서 또 수많은 세기의 철학자들의 모습에서 본 멋은 바로 이것이 아니었을까? 내가 본 철학의 멋은 바로 그런 자유로움의 일탈자에게 주어진 보이지 않는 자신감과 같은 것이었으리라. 오랜 시간이 지난 지금도 여전히 그렇게 생각하냐고 누가 나에게 묻는다면 내가 여전히 철학을 하고 있다는 것이 그에 대한 답이 되지 않겠냐고 답할 것이다. 나는 아직 철학이 주는 사유의 자유를 거절할 이유를 찾지 못했다. 그래서 여전히 철학을 연구하는 삶을 살고 있는 중이다.

철학의 세계에 들어설 용기

'철학의 세계'라는 교양 수업을 진행할 때, 첫 수업에서 내가 하는 일은 철학적 세계관을 구축하는 방식을 설명하는 것이다. 그냥 들어도 거창한 철학적 세계관은 무엇이고, 어떤 식으

  여성철학자의 철학 이야기

로 구축될 수 있을까? 철학은 앞서 말했듯 오르고 올라도 닿을 수 없는 지성의 탑 위에 견고하게 서 있는 학문이다. 나는 내가 어떤 철학자의 사유를 따라가 볼 수는 있지만 완전하게 그 사람의 사유를 나의 이해로 장악할 수는 없으리라 생각한다. 그들이 글로 소개하고 있는 학문으로서의 철학은 그들이 쌓았다 부순 수도 없이 많은 사유의 탑들 중 아주 일부일 뿐이다. 나는 그들이 최대한 설득력 있게 표현하고 있는 그들의 사유 중 아주 일부만을 볼 수 있다. 내가 할 수 있는 노력은 그들이 표현한 사유의 일부를 이리저리 나의 생각에 맞춰 이해해 보고, 요리조리 개념의 퍼즐을 돌리면서 그들의 생각과 맞춤을 시도하는 것뿐이다. 그런 노력을 통해 어떤 연유로 그들이 그러한 사유 틀을 형성했고 일부가 밖으로 표출되었는지 그 내부를 들여다볼 수 있을 뿐이다.

철학자들의 사유를 들여다보다가 어느 날은 아예 길을 잃기도 하고, 어느 날은 그들이 놓은 논리의 추론들이 한꺼번에 눈에 들어오는 벅찬 경험을 하기도 한다. 지루하게 한 글자씩 읽던 단어나 문장들이 순식간에 커다란 그림판에 놓인 표식으로 읽힐 때는 유레카를 외치는 기분이 이런 것인가 생각할 때도 있다. 그렇지만 이런 경험은 싫든 좋든 간에 기죽지 않고 철학을 이해하기 위해 쌓은 오랜 시간에서 오는 내공이기도 하다. 이러한 내공은 단기간에 얻기는 불가능하다. 또 철학을 전공하지 않는다면 이런 방식으로 숙성할 시간이 허락되기 힘들다. 그러면 우리는 철학에서 대체 무엇을 얻고 어떻게 접근할 수 있단 말인가?

내가 생각하는 철학의 세계에 들어서고자 할 때 필요한 가장 중요한 자세는 의심하기이다. '의심하기? 철학은 진리를 배우는 학문이라고 알고 있는데… 어떤 것을 의심하라는 말이지?'라는 생각이 들었다면 당신은 이미 철학을 할 자세가 되어 있다. 학생들에게 하는 나의 대답은 "세상 모든 걸, 너에게 주어진 모든 걸, 너를 둘러싼 모든 것을 의심하라!"이다. 나는 격하게 "모든 철학자들은 의심병 환자들이다"라고도 말한다. 진심으로 그렇다고도 생각한다. 그런데 그들이 하는 의심은 병리학적 차원의 불안을 낳는 의심이 아니다. 바로 이 지점이 중요한 출발점이다.

철학자들이 철학을 하는 방법은 자기를 둘러싼 모든 것을 의심하고 또 의심하고 의심한 나머지 의심하지 않을 것을 분별해 내어 그것이 무엇인가를 논증하는 것이었다. 이는 너무도 유명한 근대의 아버지 데카르트의 방법론이지만, 이것이 데카르트만의 문제는 아니었다. 참된 것과 거짓된 것을 분별하고, 진정한 아름다움에 대해 논하고, 우리가 따라야 하는 기준이 무엇인지를 해명하는 작업도 모두 의심의 씨앗에서부터 출발한다. 또 기존의 질서와 체계를 붕괴하는 것이 옳다는 논

  여성철학자의 철학 이야기

의도, 현상적 세계만이 참이라는 생각도, 현실의 모든 것이 가상이라는 가정들도 모두 의심의 씨앗에서부터 나온다.

우리는 일상에서 이런 의심을 키워 일상적인 문제들로 끌고 와 생각해 볼 수도 있다. 우리는 의심하지 않을 것을 의심해야 참에 이른다는 가정을 대전제로 삼아 내가 처한 모든 것을 의심할 수 있다. 지금 내가 하고 있는 이 사랑은 참된 사랑인가? 상대가 나에게 베푸는 호의는 나를 향한 호의인지 아니면 내가 아닌 다른 무엇을 얻기 위한 호의인지 살펴봐야 할 것이다. 내가 처한 부당함은 부당함인지 아니면 이 부당함이 오히려 정당함인지 따져 봐야 한다. 내가 하는 행동이 타인과의 관계 속에서 바르게 이해되고 있는지 앞뒤 좌우를 파악해 봐야 할 것이다.

철학자들이 하는 의심은 고도의 연습을 통해 완성된다. 그래서 그 대상이 추상적이고 어렵게 상정되기 때문에 우리가 쉽게 이해하거나 다가서기 어렵다. 그러나 철학자들이 하는 의심의 방식을 이해하면, 그들이 구하려고 하는 답이 향하는 지점에 어렴풋이 다가갈 수는 있다. 철학을 전공하지 않지만, 철학의 세계에 빠져 보고 싶다면 철학자들이 어떤 의심을 품고 세계를 보고 있는지 보아야 한다. 그리고 왜 그러한 의심이 시작되었는지를 우선 파악해야 할 것이다. 또 의심하는 연습을 통해 나를 둘러싼 모든 것에 겹겹으로 쌓여 있는 먼지들을 걸어 낼 용기를 키울 때 철학적 사유를 시작할 준비가 된 것이다.

철학자들의 눈에는 특수 필터가 장착되어 있는데, 의심을 통해 세밀하게 끼어 있는 먼지들을 자세히 들여다볼 수 있는 필터이다. 흥미로운 점은 그들이 먼지를 파악하고자 하는 노력의 방식이다. 그들은 서로 다르게 먼지를 다루는데, 때론 그 먼지를 완전히 걷어 내고자 노력하고 때론 그 먼지를 더 쌓이게 하고자 노력한다. 그런데 중요한 점은 철학자들처럼 하려면 그 먼지의 실체를 들여다볼 특수 필터를 갖추어야 한다는 것이고, 철학적 사유 훈련은 이러한 필터를 다루는 훈련의 과정이라는 점이다.

우리는 흐릿하게 보이는 먼지들 틈새에서 진실을 보고 싶다고 늘 이야기한다. 그러나 막상 그 진실을 보기보다는 내가 보고 싶은 것들을 보기 위해 나의 눈과 감각기관을 총동원한다. 아마도 그 먼지를 다 걷어 냈을 때, 보고 싶지 않은 것들과 마주하는 것이 두렵기 때문일 것이다. 의심이 불안을 낳는 이유도 여기에 있다.

그러나 앞서 말했듯 철학은 의심을 통해 불안을 낳는 과정이 아니다. 의심을 통해 진실을 흐릿하게 만드는 먼지들을 어떻게 쓸 것인지를 결정할 권한을 나에게 준다. 때론 다 버리는 방법, 때론 다 취하는 방법, 때론 일부만 취할 방법, 때론 그냥 내버려둘 방법까지 어떤 방법을 찾을 것인지를 고민하기 위해서는 우선 그 먼지의 실체를 볼 필요가 있다.

철학으로 사유하기 위해선 완전한 듯 보이는 모든 것들의 이면을 들추는 용기, 그리고 들춰진 이면에 감춰진 사실들을 들여다볼 용기, 그리고 그 과정을 통해 알게 된 모든 것들을 다시 나의 사유 안에서 재정비하여 받아들일 용기가 필요하다. 일상에서도 매일의 사건들을 다시 돌아볼 때, 우리가 들어설 철학의 세계는 비로소 시작될 것이다. 진실을 덮어 두려는 위선을 행할 때조차도 그것이 무엇인지를 보았을 경우만 완전한 가상에 동참할 수 있다. 어떤 진실도 어떤 위선도 견뎌 내기 위해서는 우선 철학의 세계에 들어설 '의심의 열쇠'를 조심스레 챙겨 두어야 할 것이다.

함께 사유하는 친구, 미셸 푸코와 함께 걷기

철학계의 슈퍼 아이돌, 미셸 푸코

나는 미셸 푸코를 소개할 때 가장 먼저 이런 멘트를 던진다. "푸코는 철학계의 슈퍼 아이돌입니다. BTS를 능가하면 능가했지 모자라지 않습니다." 푸코가 가진 인기는 지금 내가 표현한 '슈퍼 아이돌'이라는 말만으로도 충분할 것이다. 그가 슈퍼 아이돌임을 증명해 주는 가장 유명한 예는 강의실 대란이다. 그의 강의에 매번 엄청난 인파가 몰린 것은 유명한 일화이다. 그가 강의실 하나를 빌리면 그 옆 강의실은 무조건 빈 채로 둬야 했는데, 매번 그렇듯이 그 강의실의 문을 함께 열어야 할 정도로 많은 인원이 그의 강의를 청강하길 원했다. 또 푸코의 손에는 늘 확성기가 준비되어 있었는데, 넓고도 넓은 강의실에서 육성 강의를 하는 것이 역부족이었기 때문이다.

21세기 현재, 우리의 철학 강의를 떠올려 보면 푸코가 얼마나 무시무시한 괴물급 인사인지 알 수 있다. 그는 SNS를 통해 자신을 홍보하지도 않았고, 대학생들이 하는 커뮤니티에서 강의 평가를 따로 공지하지도 않았다. 유튜브나 검색 플랫폼에서 자기 홍보를 하지도 않았다. 그는 그냥 그 자리에 그 시각에 자신의 강의를 열 뿐이었다.

그저 자기가 성실하게 공부한 자료를 바탕으로 자기 강의를 만들고 기획하였다. 콜레주 드 프랑스의 강의실에는 사전 신청으로만 매번 100명이 넘는 인원이 그의 강의를 듣고자 대기했다. 푸코의 강의라는 이유만으로 엄청난 인파가 몰려들었고 그러한 인파를 모을 수 있는 철학자였던 셈이다.디디에 에리봉, 『미셸 푸코, 1926~1984』, 박정자 옮김, 그린비, 2012, 430쪽 참고. 나는 철학이 대중적으로 인기를 얻게 되는 어떤 순간이 있다고 하더라도, 푸코가 누린 영광은 쉬이 오지 않을 것이라고 확신한다. 이뿐인가? 그가 출판한 『말과 사물』이라는 책은 파리의 바게트 빵보다도 더 빨리 더 많이 팔렸다. 단기간 최대 부수로 판매되었다는 전설적인 이야기는 이제 너무도 익숙한 푸코의 일화에 지나지 않는다.* 이 책은 파리의 시민에게 교양이 있는 지성인이라면 반드시 커피 옆에 놔두고 있어야 하는 책, 옆구리에 꼭 끼고 다니는 것만으로도 자신의 품격을 증명하는 일종의 상징과 같은 책이었다고 한다.

그런데 충격적인 지점은 따로 있는데, 막상 『말과 사물』을 보게 되면 이토록 많은 판매량을 올릴 정도로 대중적으로 아주 재미있는 종류의 책이 아니라는 점이다. 두껍기로 치면 어지간한 교양서 두 배 정도여서 딱 들어도 묵직한 전형적인 철학책이다. 그 안에 담긴 내용은 또 어떠한가? 머리 아프도록 복잡한 역사적 사건들과 자료들을 게시하고 그것들을 분석한 전형적인 연구서이다. 처음 내가 이 책의 전설을 접했을 때부터 지금까지 줄곧 가장 궁금하게 여기는 지점은 여기인데, 파리 시민들에게 그의 책은 일종의 유행하는 액세서리처럼 인기가 있었던 것일까? 그게 아니면 파리 시민의 인문학적 소양이 남달라서 이런 책을 모두 소화할 수 있는 지성인이었던 것일까? 그도 아니면 그 당시 사회적 분위기와 시대적 기조와 맞아 이러한 책을 접하려는 열망이 분출된 것일까? 구매한 사람들

---

* 옥살라는 푸코의 초판이 일주일 만에 매진된 상황에 관해 말하면서 푸코의 책을 다음과 같이 평가한다. "이 책은 데카르트, 콩트, 사드 같은 다양한 사상가들의 저작들을 연결시키는 심오한 철학적 주장들을 담고 있으며, 그때까지 잊혀져 왔던 르네상스 시대의 자연주의자들의 저작들과 19세기의 언어학 이론과 같은 다양한 주제들을 들여다볼 수 있게 하는 새로운 통찰력을 제공함으로써 과학사에도 기여했다."(요하나 옥살라, 『How to read 푸코』, 홍은영 옮김, 웅진지식하우스, 2008, 50~51쪽.)

 여성철학자의 철학 이야기

의 심리를 일일이 조사하지 않은 다음에야 정확하게 알 수는 없다. 그러나 아마도 추정하기에 내가 가정하는 세 가지 요인이 모두 작용하여 그 당시의 자유에 대한 사회적 열망을 푸코라는 상징적 인물의 사유로 뿜어낸 것이 아닌가 싶다.

푸코에게는 이외에도 다양한 개인적 이슈들이 있다. 살아생전에 있었던 사건들뿐만 아니라 사후에 발견되고 있는 사건들까지 현재에도 진행형으로 발생할 정도로 그는 여전히 대중들에게 가장 많은 관심을 받는 철학자이다. 나는 이 책에서 푸코의 신상이나 미담을 다루지는 않을 것이다. 다만 푸코가 사후에 겪고 있는 다소 억울한 문제에 대해서는 후반에 다루고자 한다. 내가 푸코를 전공하면서 푸코에게 받은 많은 지지를 나도 푸코에게 갚을 수 있는 계기를 마련해 보고자 함이다.

우주 보편 철학에서 지구별 일상 철학으로

푸코의 철학이 많은 이들에게 관심을 받은 데 여러 가지 요인이 있겠으나 전공자인 내가 생각하는 푸코의 위대함은 그의 인기에 있지 않다. 푸코는 철학의 오랜 역사에서 지속해 왔던 형이상학적 거대 담론을 땅을 밟고 사는 평범한 사람들 속의 문제로 전환하였다. 고대, 중세, 근대로 이어지는 철학의 주제들은 신, 세계, 자유, 인간으로 귀결되는 물음이었다. 그런데 푸코는 자신의 연구 주제를 비정상인, 범죄자, 광인으로 특정하겠다고 선포한다. 철학의 역사에서 단 한 번도 논의의 대상으로 언급조차 되어 본 적이 없는 사람들을 자기 철학의 주인공으로 등장시킨 것이다.미셸 푸코, 『광기의 역사』, 이규현 옮김, 나남, 2003.

또 푸코는 성, 성적 활동, 성의 역사를 다루는 연구 주제를 통해 윤리와 윤리적 양식에 관해 논하겠다고 선포한다. 본능의 영역으로 치부하여 직간접적으로 언급하기를 회피하는 성에 관한 문제를 논한다는 것만으로도 파격적인데, 그러한 성의 문제가 윤리적 질료가 될 수 있다는 푸코의 생각은 다소 엉뚱하리만큼 생소하다.

그런데 푸코의 이런 생각은 망상이나 상상력에 기초한 생각도 아니고 푸코 개인의 역사와 깊은 관계가 있다고 보기도 어렵다. 왜냐하면, 푸코의 텍스트들은 역사적 자료들을 검토하고 분석한 내용에 기초하여 튼튼하게 설계되어 있기 때문이다. 푸코는 독서광으로도 유명한데, 일정 시간 매일 정해진 규칙대로 고서들을 살피고 글을 썼던 것으로도 유명하다. 엄청난 양의 텍스트들을 검토하고 그 자료들을 바탕으로 자기 사유를 펼쳤다. 자칫 허상일 수도 있을 법한 이야기들을 고고학과 계보학적 방법론을 통해 면밀히 분석해 내었다. 그리고 그러한 자료들을 토대로 이제껏 철학에서 한번도 주목하지 않았던 사회 밖 존재들에게 주인공이 될 기회를 기꺼이 마련해 주

 여성철학자의 철학 이야기

었다.

푸코는 아름다운 세계 구축을 위해 돌리던 모든 카메라를 반대쪽 앵글에 맞추는 시도를 한 것이다. 당신들이 꿈꾸는 아름다운 세계를 위해 소외되고 외면당한 많은 사람들이 앵글 밖 세상에 살아가고 있었다고 말하고 있다. 또 앵글 속의 주인공들은 주인공의 자리를 유지하고자 애쓰고 노력하는 동안 진짜 자신의 모습을 상실한 채 살고 있다고 폭로한다. 마치 아름다운 미장센의 영화를 만들기 위한 도구처럼 자기 삶을 상실한 지 오래되었으나, 상실했다는 사실조차 자각하지 못한다고 그는 말한다. 이러한 문제를 다루는 그의 대표작이 바로『감시와 처벌』이다._{미셸 푸코,『감시와 처벌』, 오생근 옮김, 나남, 2016.}

『감시와 처벌』은 권력을 행사하는 방식이 시대별로 다르고 권력을 행사하기 위해 배치하는 다양한 방식의 장치들을 통해 시대마다 사람들을 통제하고 사회를 유지하는 메커니즘이 있었음을 폭로하는 작품이다. 너무도 유명한 그 문구 '모세혈관에 흐르는 권력'이라는 표현에서 알 수 있듯이 우리는 늘 권력과의 관계 안에 놓인다. 권력은 국왕의 손에 우리의 생사를 관할하는 강력한 힘으로 주어지기도 하고, 현대처럼 미세한 사회적 장치들을 통해 작동하기도 한다.

권력은 동전의 양면과 같아서 강한 힘으로 직접적으로 드러나게 되었을 땐 그에 반대하는 힘 또한 강하게 형성된다. 강한 왕권이 형성되고 유지되는 시기에는 그에 대한 반발 봉기 역시 강력한 반대 힘으로 형성되는 것이다. 이에 반해 약하고 보이지 않는 힘인 경우, 어떤 것에 대항할 목표를 찾을 수 없기에 그에 대항하는 특정한 저항 세력이 형성되기 어렵다. "규율 권력은 공개적인 것이 될 수도 있고, 동시에 은밀한 것일 수도 있다."푸코, 『감시와 처벌』, 279쪽.

　푸코는 권력이 행사되는 다양한 방식들을 시대별로 분석하면서 현대 사회에 작동하는 미세 권력이 어떻게 행사되고 어떤 방식으로 우리를 관리하는지 여실히 보여 준다. 특정한 목적으로 상정된 인간의 기준에 부합하게 살고자 우리는 부단히 정상인이 되기 위해 노력한다. 나의 욕망이나 나의 바람, 나의 감정은 집어 두고 비가 오나 눈이 오나 정시에 등교하고, 생활 계획표에 나의 삶을 의지한다. 교과 과정에 맞춰 교육 과정을 마무리해야 하고, 가정을 일구고, 직장을 가져야 한다. 톱니바퀴처럼 돌아가는 나의 삶은 카메라 앵글 속 주인공들의 무리에 포함되기 위해 '정상'이라는 보이지 않는 기준을 찾고 흠 잡히지 않기 위해 일생을 노력한다. 만약 나의 삶이 일탈로 물들어 사회 밖 존재가 된다면 도시민으로서의 삶은 이미 망가진 것이나 다름없다.

　"인생의 시간을 관리하고, 그것을 유용한 형태로 축적하고, 이

　　　　　여성철학자의 철학 이야기

렇게 조정된 시간을 통하여 훈련은 인간에 대한 권력의 행사에 이바지한다. 신체와 시간에 관한 정치적 기술의 한 요소로 편입된 훈련은 천상의 세계로 올라가기 위한 것이 아니라, 끊임없이 반복되면서 완성되는 복종을 지향하는 것이다."푸코, 『감시와 처벌』, 254~255쪽.

다양한 학교, 군대, 감옥, 수도원, 요양원 등의 국가 체제 내의 시설들은 사람들의 일상적인 규칙들을 보조하는 기관으로 존재한다. 규칙적인 일상을 관리하면서 끊임없이 정상인의 삶을 살도록 개인의 인생에 개입하고 조절하는 약한 힘을 발휘하는 것이다. 보이지 않는 권력은 마치 내가 주체적으로 그 인생을 설계하고 이룩한 것 같은 착각에 빠지게 한다. 그러나 정작 개인의 고된 노력은 사회적 안정과 질서를 소리 없이 유지하기 위한 에너지 활용의 공급원일 뿐이다. 푸코는 사방에 퍼져 있는 통제의 권력에 대해 다음과 같이 말한다.

"권력이 제대로 행사되려면, 지속적이고 완전하고, 도처에 있고, 또한 모든 것을 가시적으로 만들면서 자신은 보이지 않는, 그러한 감시 도구를 가져야 한다. 감시는 사회 전체를 인식의 대상으로 만들 수 있는 얼굴 없는 시선과 같아야 한다. 그것은 도처에 매복해 있는 수천 개의 눈이고, 움직이면서 항상 경계를 게을리하지 않는 주의력이며, 길고 위계질서화된 그물망이다."

푸코, 『감시와 처벌』, 329쪽.

과연 우리는 진짜 나의 삶을 살고 있는 것일까? 푸코는 정상인이 되기 위해 부단히 노력하는 과정을 통해 보여지는 괜찮은 나를 만들어 가는 과정을 주체화라고 말한다. 그런데 이러한 과정이 지속되면서 자신의 노력으로 도달할 지점도 잊고 노력에 대한 자각마저도 잃어버려서 오로지 보여지는 나를 위해 사는 삶을 예속화라고 말한다.

주체화와 예속화의 과정은 어떤 고정된 현상이나 상태를 말하는 것이 아니다. 즉, 바로 파악되거나 알 수 있는 어떤 X가 아니라 특정한 사회적 그물망 속에서 연동하여 나를 그렇게 변화시키는 과정에서 발생한다. 그렇기에 고정된 형태로 인식되거나 자각되는 문제가 아니다. 현대 사회를 사는 우리는 늘 주체화의 과정을 요청받고 강요받지만, 그것의 실체가 무엇인지 그 실체와 대면할 수는 없다. 또 내가 그러한 과정 속에 있다는 것을 바로 파악하기도 어렵다.

어떻게 보면 우리는 나의 삶에 지속적으로 개입하고 있지만 만질 수도 볼 수도 잡을 수도 없는 어떤 무엇의 작용을 계속 받고 있는 것과 같다.

"규율기관의 모든 지점을 통과하고, 매 순간을 통제하는 상설적인 처벌제도는 결국 비교하고, 구분하고 서열화하고, 동질화하고 배제하는 것이다. 간단히 말해 그것은 규범화이다."푸코, 『감시와 처벌』, 287쪽.

우리는 정상인으로 정상 범주의 삶을 살기 위해 필요 이상의 노력과 수고를 지속한다. 우리의 모든 순간은 '정상'이라는 보이지 않는 기준을 향해 내달린다. 마치 종결점이 없는 무한정한 오래달리기의 연장선 같다. 아마도 이 문제는 푸코 자신이 처한 문제였겠으나 푸코는 이 문제를 자신만의 문제로 보지 않았다. 그는 자기와 같은 문제를 겪고 있는 현대인들을 본 것이고 비판적인 시각을 통해 이러한 문제의 본질이 작동하는 권력의 문제에 있음을 드러낸 것이다.

내가 보는 그의 위대함은 바로 여기에 있다. 푸코는 지금 내게 주어진 세계에서! 지금 나와 살아가는 사람들의 문제를! 자신의 철학의 제1과제로 삼고 있다는 점이다. 그가 보고 있는 세계는 그가 이러한 문제를 보지 않았을 때의 세계와 다르다. 그가 현대 사회를 '판옵티콘'(panopticon; 중앙에 감시탑이 있는 원형 감옥)에 비유하여 새롭게 조명했기에 우리는 그 판옵티콘에서 벗어날 열쇠를 찾게 된 것이다.

자기 배려와 쾌락의 윤리학

자기 배려와 쾌락의 윤리학은 푸코 후기 연구기의 주요 쟁점이다. 푸코가 윤리를 논하다니? 그의 후기 연구는 학자들 사이에서 일대 파란을 낳았다. 왜냐하면, 다소 과격하게 보자면 푸코의 이전 연구는 사회 시스템을 분석하여 주체적 인간은 허상임을 폭로하는 연구였다고도 볼 수 있기 때문이다. 주체적 인간은 교과서에서 나오는 허상이다. 그러니 그런 인간이 되기 위해 노력하는 것 또한 허상이라고 말하던 푸코가 느닷없이 윤리와 윤리 주체에 관해 얘기하겠다고 한 셈이 된 것이다.

그러니 학자들은 180도 다른 이야기를 가지고 나와서 근대로 역주행하는 이론을 발표한 것이나 다름없다고 보고 그에게 엄청난 맹공격을 가했다. 심지어 그를 지지하던 연구자 집단들도 푸코의 후기 연구에 대한 실망감을 그대로 표시하면서 비아냥거리기에 이른다. 그런데 푸코는 이런 상황에 대한 인터뷰에서 오히려 당당하게 자신이 매번 같은 연구만 들고 나온다면 역으로 전혀 발전이 없다는 얘기가 아니겠냐고 반박한다. 또 자신의 윤리 이론을 많은 강연에서 설파하고 그가 죽던 1984년에는 이론으로 정비된 『성의 역사』 2권과 3권을 동시에 출간하기에 이른다. 미셸 푸코, 『성의 역사 2: 쾌락의 활용』, 신은영·문경자 옮김, 나남, 2018.; 미셸 푸코, 『성의 역사 3: 자기 배려』, 이혜숙·이영목 옮김, 나남, 2020.

       니싱철학자의 철학 이야기

그러면 여기서 우리는 중요한 문제를 확인할 필요가 있다. 푸코가 윤리를 자신의 연구 테마로 잡은 이유는 무엇이고 그가 죽기 전에 자신의 이론으로 보이고자 했던 연구는 무엇이었을까? 푸코의 '자기 배려 윤리학'은 내가 푸코를 만나고 오래도록 그에 관한 연구를 하는 계기가 된 가장 중요한 연구이다. 또 나의 관점에서 이해할 수 있는 푸코의 사유를 선보이고 푸코를 소개할 의무를 지게 된 의미 있는 이론이기에, 다소 어렵겠지만 함께 살펴보기로 하자.

우리에게 익숙한 윤리학은 칸트의 윤리학일 것이다. 윤리학의 아버지이자 윤리 이론의 정점에 있는 완전체 칸트는 윤리적 인간이야말로 자유의 세계의 일원이라고 논했다. 칸트의 윤리학을 푸코의 윤리학을 설명하기 위해 아주 간략하게 써 보면 다음과 같다. 칸트, 『도덕 형이상학을 위한 기초 놓기』, 이원봉 옮김, 책세상, 2019.

자신이 외부의 영향에 구애받지 않고 오롯이 이성에 따라 판단하고 입법하여, 나를 뒤흔드는 경향성을 물리치고 의지의 굳셈을 통해 옳은 행위를 완성하는 것이 윤리적 행위이다. 가장 중요한 점은 이성적 존재자가 윤리적 행위를 매번 매 순간 실천하면서, 다른 것들에 영향을 받지 않고, 스스로 자기 의지에 따라 행위하여 실천을 통해 자유가 있음을 확증한다는 점이다.

"내가 어떤 법칙을 따르면서 의지에 생겨날 수 있는 모든 충돌을 의지에서 제거했기 때문에, 행위라는 것 전부가 보편적으로 '법칙에 맞는다'는 것만 남았는데, 이것이 의지의 원칙이 되어야 한다. 즉, 나의 준칙이 하나의 보편적 법칙이 되어야 한다고 나 또한 바랄 수 있도록 오직 그렇게 행동해야 한다는 것이다."

칸트, 『도덕 형이상학을 위한 기초 놓기』, 40쪽.

그런 이유로 너의 준칙이 법칙이 되도록 우리는 매 순간 선한 동기, 올바른 판단, 올바른 행위로 이어지는 실천을 통해 자유를 확인해야 한다. 또 이는 어떤 경우에도 예외에 대한 허용 없이 언제나 늘 지켜야 하는 법칙이자 약속이다. 칸트 윤리학의 이론을 한 챕터로 설명하는 건 불가능한 일이다. 다만 푸코의 윤리 이론과의 차별점을 보이기 위해 아주 축약적으로 설명한 것이다.

그렇다면 푸코의 윤리학은 윤리학의 아버지인 칸트와 어떤 차별점이 있는가? 우선 핵심적으로는 푸코가 설정하고 있는 윤리의 기준점 자체가 다르다. 칸트가 입법을 통해 순수하게 명령을 실천하는 법칙의 중요성을 강조했다면 푸코는 '쾌락'을 발생하는 삶의 모든 요소들이 순수하지 않게 뒤섞여 있고 이것이 윤리의 질료로 쓰임이 있다고 보았다. 이런 논점에서 푸코의 윤리학은 기본적으로 '쾌락의 윤리학'이라고 말할

　　　　여성철학자의 철학 이야기

수 있다. 그런데 여기서 중요한 점은 쾌락을 좇는 윤리학이 아니고, 쾌락을 자기 스스로 조절할 수 있도록 배려하는 윤리학이라는 점이다.

엄밀하게는 학적 의미의 윤리학이라고 명명하는 것보다 '생활 윤리' 혹은 '삶의 윤리'라고 표현하는 것이 더 나을 수 있다. 그러나 푸코는 이러한 내용을 자기 연구로 다루고 있고, 그에 대한 분명한 저서가 있는 만큼 '윤리학'이라 규정하는 편이 적절할 것이다.

독특한 점은 윤리적인 인간이 되기 위해 조절해야만 하는 문제 중 '성'의 문제를 가장 중심에 두었다는 점이다. '성', '성적 행위'는 인간이 사회적 존재로 살아가면서 조절해야 하는 일차적인 강렬한 쾌락의 경험이다. 또 사회적 환경을 구성하는 방식을 결정하는 문제이다. 그렇기에 이러한 문제를 다루는 '자기'가 누구이고, 어떤 욕망을 가진 사람인가? 어떻게 그러한 문제들을 다루어야 하는가?와 같은 질문은 일생 동안 계속 발생한다. 이러한 물음들을 통해 적절한 행위 지점을 찾아가야 하는 것이 자기 삶을 구성하는 중요한 문제이기도 하다.

"진리와의 관계는 개인을 절제하는 주체, 절제적 삶을 영위해 가는 주체로 세우기 위한 구조적·도구적·존재론적 조건이다. 그것은 개인이 스스로를 욕망하는 주체의 특이성 속에서 인식하고, 그렇게 드러난 욕망을 스스로 정화시킬 수 있게 하기 위한 인식론적 조건이 아니다."푸코, 『성의 역사 2: 쾌락의 활용』, 112쪽.

푸코의 윤리학은 성적 쾌락의 문제를 다루면서 그 문제들과 연관된 건강, 교육, 가정 공동체의 문제들도 다룬다. 그는 고대의 텍스트들을 분석하여 시대별로 변하는 삶의 관점들을 파악하고 논한다. 이는 중요한 문제를 보여 주는데, 변화하는 삶에서 오로지 하나의 주체가 오로지 하나의 답만을 구하는 것이 불가능하다는 것을 규명하는 작업이었기 때문이다. 푸코는 시대마다 다른 방식으로 삶의 문제들을 해소해 왔다는 점을 보이는 것으로 자기 삶 속에서 변형되는 주체를 상정한다.

앞서 살핀 칸트의 윤리 행위자에게 정확하게 주어진 혹은 올바른 정답이 있었다면 푸코의 주체는 그 답을 찾기 위해 부단히 자신을 바꾸어야 하는 변형하는 주체이다. 그리고 푸코의 주체는 자기가 형성하는 주체적 행위를 통해 삶의 양식에 부합하게 행하기도 하고, 때론 그 삶의 양식을 변형할 수도 있다. 푸코가 생각하는 윤리는 정답과 오답을 맞추는 고정된 행위가 결정되어 있지 않다.

푸코의 윤리학은 다른 시간, 다른 공간에 다르게 존재하는 우리가 윤리적 행위자가 되기 위해 자기를 끌어안고, 자기를 들여다보고, 자기 욕망과 자기 쾌락을 살펴서, 자기의 불완전함을 받아들이기를 요청한다. 그리고 윤리적 선택이 타인을 위한 배려에 의한 것이 아니라, 나와 타인의 관계 속에서 자기를 배려하기 위해 발생한다고 말한다. "자기에 대한 관심은 모든 사람에게 일생 유효한 하나의 원칙이다."푸코, 『성의 역사 3: 자기 배려』, 65쪽.

우리는 상호 관계 속에서 영향을 주고 받는다. 묶인 끈들을 때론 당기고 때론 밀면서 서로에게 주고 받는 영향 속에서 내가 위치한 자리를 찾고 점한다. 타인과 완전히 고립되어 오로지 나의 이성의 소리를 통해서 행위를 결정하는 것이 아니라, 타인의 목소리와 나의 내면의 소리를 함께 들으면서 시작해야 한다. 내가 조절하는 타인과의 관계 속에서 나의 행위를 결정하는 것이다. 미셸 푸코, 『주체의 해석학』, 심세광 옮김, 동문선, 2007.

푸코는 내 안의 쾌락과 열망을 외면하거나 제거하기보다는 잘 들여다보라고 말한다. 또 내 밖의 모든 것들을 나의 윤리적 행위의 대상으로 삼았을 때, 우리는 윤리적 존재로 살아갈 수 있다고 말한다. 이러한 끝없는 자기 변혁의 과정은 마치 예술가가 작품을 완성하고자 끝없이 열망과 쾌락을 뿜어내는 것과 같다. 우리의 삶도 예술 작품과 같아서 자기 삶을 기획하고 구축할 수 있다고 그는 말하고 있다.

"자기 자신을 구제하기는 평생에 걸쳐 전개되며, 그 유일한 실행자는 주체 자신입니다." 푸코, 『주체의 해석학』, 218쪽.

성실하고 진지한 철학자이자 나의 오랜 친구

나는 푸코라는 학자의 연구를 가장 잘 아는 사람은 아닐 수 있다. 푸코의 논의를 학적으로 더 잘 포착하고 해석하는 나보다 더 나은 학자가 있을 것이기 때문이다. 그러나 푸코라는 사람의 연구를 가장 잘 이해하는 친구는 나이리라 생각한다. 나는 가끔 만약 푸코를 생전에 만났다면 어땠을까? 생각해 볼 때가 있다. 아마 우리는 서로의 생각을 눈빛으로 간파하는 그런 친구가 되지 않았을까? 푸코의 멋을 먼저 알아본 내가 그에게 다가갔을 수도 있고, 푸코가 먼저 나의 멋을 알아봤다면 그가 내게 다가왔을 수도 있을 것이다.

어떤 이의 사유를 이해한다는 건 얼마나 멋진 경험인가? 나의 세계 밖에 있는 타자의 말이 하나하나의 단순 진술이 아니라 오롯이 그의 사유 전체를 나의 사유의 체계로 파악할 수 있다면 말이다. 그러기 위해선 나는 그 사람과 같은 사람이거나, 오랜 시간을 함께한 가장 친한 친구이거나 그 둘 중 하나가 되어야 할 것이다. 그런 의미에서 나는 푸코의 가장 좋은 친구로 그의 이야기를 전할 수 있는 연구자가 되었다.

푸코는 나와 같은 점이 하나도 없다. 성별, 국적, 성적 취

　　　　　　　　　　　여성철학자의 철학 이야기

향에 이르기까지 달라도 너무 달라서 지구상에서 가장 멀리 있는 사람 중 하나일 것이다. 그런데 나는 그의 사유를 접하면서 그가 나와 가장 가까운 사유의 지점에 있음을 알았다. 그는 보여지는 자기를 위해 보이지 않는 자리에서 보이지 않는 시간 속에서도 늘 성실하게 삶에 임했다.

그런 의미에서 푸코는 대중 철학을 하는 유명인이 아니라 지독히도 성실하고 진지한 연구자이다. 푸코가 많은 비판에 늘 당당했던 이유는 보이지 않는 시간과 공간에서 자기를 구축했던 노력에 대한 자신감 때문이 아니었을까? 제약된 삶과 자기 양식 속에서 갈등했던 미셸 푸코의 저항기는 연구자로서 갖춘 그의 안목과 노력을 담아 고스란히 그의 철학에 배어 있다.

나는 가끔 푸코가 지금 시대에 살고 있다면 어떤 문제를 포착하고 어떤 해답을 내놓을지 궁금할 때가 있다. 푸코와 텍스트에서만 대화할 수 있기에 그 답을 찾는 것은 지금 여기에 이곳에 서 있는 나의 몫이리라 생각한다.

버틀러와 관계성

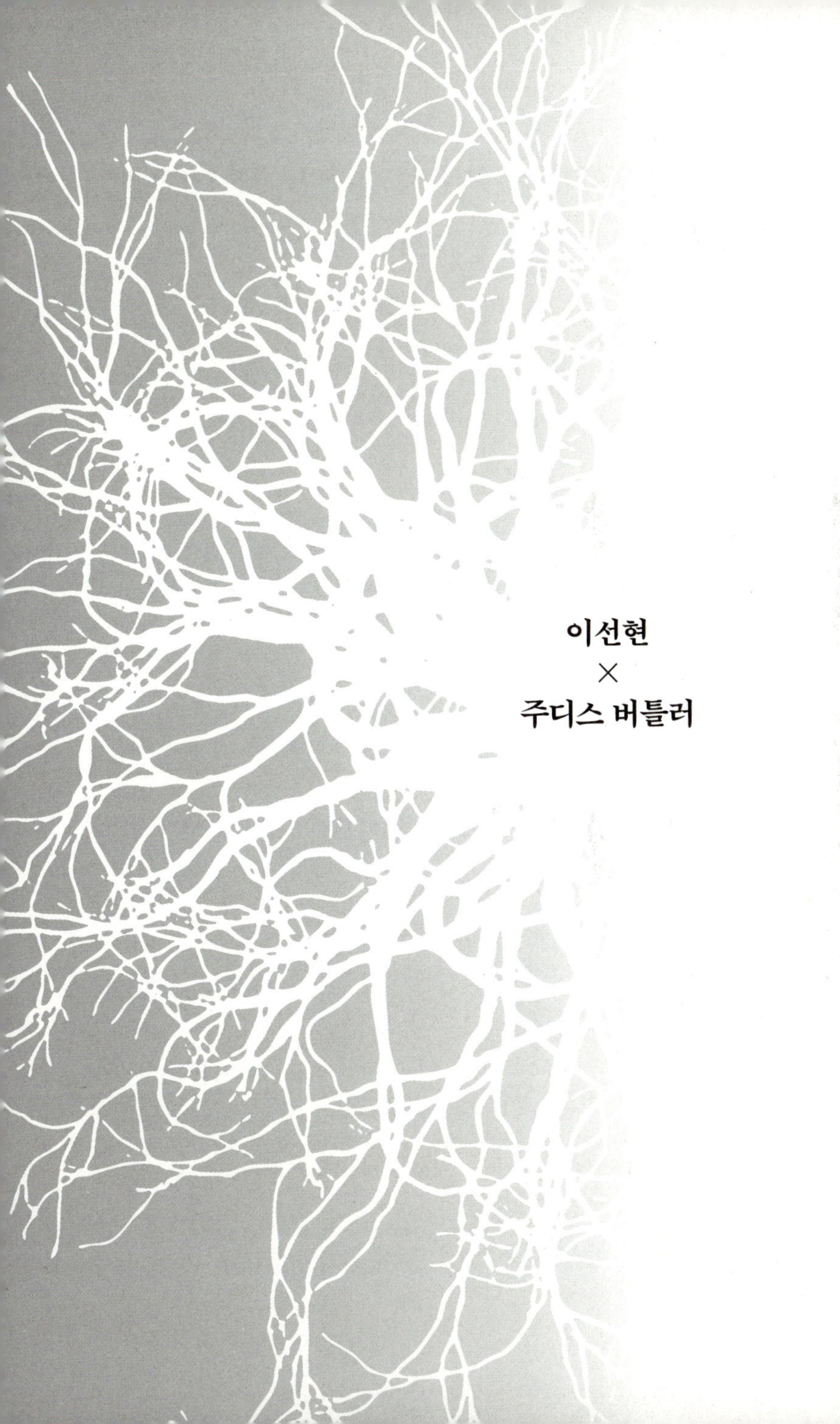

이선현
×
주디스 버틀러

사랑이 무엇이냐는 질문에 답하다: 기독교인이 읽는 주디스 버틀러

"프로이트는
'자신의 사랑을 의심하는 자는 아마도, 아니 오히려 반드시,
다른 모든 사소한 것들도 의심하기 마련이다'라고 썼다.
나는 이 문장을 인생에서 반복적으로 떠올린다."
— 주디스 버틀러[*]

What Is Love for You?

느닷없는 질문 하나가 덩그러니 단체 대화방에 올라왔다. "왓 이즈 러브 포 유?" 평소에 엉뚱하고 재밌는 이야기를 잘하는 L이었기에, 그리고 나 역시 사랑을 도통 정의할 수 없었기에 "질문이에요?" 하고 되물었다. 만나서 왜 그런 말을 했냐고 물으

---

[*] Judith Butler, "Doubting Love", *Take My Advice: Letters to the Next Generation from People Who Know a Thing or Two*, ed. by James L. Harmon, New York: Simon&Schuster, 2002, p.63.

니, 버스 안에서 외국인들의 대화가 들렸다고 했다. 살아가는 동안 수없이 받아 왔고 답할 수 없어 돌려보냈던 질문이 L의 입을 통해 되돌아온다. 과연 사랑은 무엇일까. 이 질문에 항상 말문이 막혔던 건, 나에게 사랑은 살아온 시간과 앞으로 살아갈 날들 속에서 고민해야 할 가장 중요하고 지난한 과제이기 때문이다.

몇 년 전, 더 근본적인 물음에 말을 잇지 못한 적이 있다. L은 나와 동료 Y에게 인생에서 가장 중요한 게 뭐냐고 물었다. 정말 간단한 질문이었는데 한참을 고민하고도 답을 내놓지 못하는 우리를 보며 L이 대답했다. "저한테 가장 중요한 건 사랑이에요." 모든 것을 다 포용할 것 같은 큰 눈으로 싱긋 웃는 표정이 그녀의 대답과 잘 어울렸다. L은 남녀 간의 사랑만을 의미한 것은 아니었다. 정확한 내용과 이유를 듣지는 못했지만 짐작건대 세상에 존재하는 모든 종류의 사랑을 내포하지 않았을까. 이날 이후 내 삶에서 가장 중요한 게 무엇인지 스스로에게 계속 화두를 던져야 했는데, 한참 후에야 마침내 답할 수 있게 되었다. 나 역시 사랑이 가장 중요하다고, 그건 내가 줄곧 생각해 왔던 사랑의 의미가 뿌리째 흔들렸기 때문이라고. 주디스 버틀러의 철학은 내가 확고히 믿었던 사랑을 동요하게 했다. 이 글은 나 자신의 열정을 이해하고 그 열정을 살아 내기 위해, 버틀러를 통해 사랑의 의미를 의심하면서도 그 질문이 사랑의 실천 안에 머물도록 하려는 오랜 씨름의 결과이다.

'이웃 사랑'의 함정

어린 시절 이야기를 하지 않고서는 버틀러와의 만남을 설명할 수 없을 것 같다. 나는 일명 '모태 신앙'이다. 새벽기도를 다니셨던 어머니를 따라 동네 작은 예배당을 내 집처럼 드나들었다. 겨울 새벽은 특히나 춥고 어두웠으므로 어머니는 옆에 나를 꼭 끼고 새벽기도를 다니셨는데, 기도가 무엇인지 알지 못하는 나이였지만 기도 후 마시는 따뜻하고 달콤한 율무차가 좋아 어머니를 곧잘 따라다녔다. 교회 한편에 마련된 유아실에는 전기 패널 바닥과 선풍기 모양의 전열기가 있었다. 어머니는 냉골 같은 집에서 오빠와 나를 데리고 나와 뜨뜻한 유아실 바닥에 우리를 재우고 새벽기도를 하셨다. 무언가에 쫓기는 꿈을 꾸면, 꿈에서 나는 항상 교회로 몸을 숨겼다. 교회는

     여성철학자의 철학 이야기

집보다 포근하고 풍요롭고 평화로운 곳이었다.

생각이란 걸 하기 시작한 청소년 시절부터 나는 기독교 교리를 정립해 나가려 했다. 성경이 신에 대해 어떤 이야기를 하는지 제대로 알고 싶다는 지적 욕구가 폭발하던 시기였으므로 성경을 비롯한 신앙 서적들을 읽으며 공부했다. 성경에서 이야기하는 가장 큰 계명인 '하나님 사랑, 이웃 사랑'을 실천하고 싶어서 이십 대 중반이 될 때까지 한 번도 주일 예배를 빠지지 않았고, 적은 용돈으로도 십일조를 철저하게 지켰으며, 주변 사람들과 최대한 화목해지려고 노력했던 것 같다. 특히 교회 사람들은 가족만큼 가까운 이웃이었고, 그들을 진심으로 사랑했다. 신 앞에서는 계급, 성별, 나이 따위는 중요하지 않았다. 우리는 모두 구원받을 자격이 없는 존재로서 오직 신의 은혜만을 바랐고, 그런 자격 없는 서로를 너무나 아끼고 사랑했기 때문이다.

사랑에 관한 생각에 균열이 생기기 시작한 건 다름 아닌 버틀러와의 만남 때문이었다. K와 카풀을 하며 학교를 가는 도중 차 안에서 버틀러에 관한 이야기가 나왔다. 만남이라 말하기도 머쓱할 만큼 당시 버틀러에 대해 아는 바가 없었다. 유일하게 알고 있는 것은 버틀러가 동성애자이며 동성애를 옹호한다는 사실뿐이었다. 나는 인문학적 체면치레로 기독교적 가치를 포장하여 동성애에 대한 부정적 견해를 그럴듯하게 내놓았다. 내가 뱉은 말이 무엇이었는지 정확하게 기억나지는 않는다. 다만 K가 "선현 선생님은 동성애에 대한 '혐오'가 있는 것 같아요"라며 꿰뚫었을 때, 그 대답은 두고두고 마음에 남았다. 이웃 사랑을 실천하며 산다고 생각했는데 나에게 혐오가 있다는 사실을 도저히 받아들일 수 없었다.

성경 말씀을 배우면 배울수록 '하라, 하지 마라'는 식의 원칙들이 내 안에 강하게 자리 잡았다. 그러한 원리는 보이지 않는 선(line)이 되어 속으로 다른 사람들을 판단하고 비난하는 기준이 되어 버렸다는 사실을 부인할 수 없다. '너는 말씀을 어기고 있네? 그건 죄잖아'라는 식으로 판관을 자처했다. 그러나 버틀러의 말처럼, 성자가 된다는 것이 만일 모든 선(goodness)은 자신이 독차지하면서, 인간 심리에서 결함이 있거나 파괴적인 면은 외부의 행위자들에게 떠넘긴다는 뜻이라면, 즉 '나 아님'의 영역에 살면서 우리가 탈-동일시의 대상으로 삼는 사람들에게 전가한다는 뜻이라면, 우리 중 누구도 성자가 되려고 해서는 안 된다. 주디스 버틀러, 『비폭력의 힘: 윤리학-정치학 잇기』, 김정아 옮김, 문학동네, 2021, 234쪽. 계명을 지킴으로 이웃을 사랑하고자 했던 노력은 과연 선이었을까 아니면 독선이었을까.

오랜만에 지도교수님과 차를 마시며 이야기를 나누던 날, 내 삶이 결코 이전으로 돌아갈 수 없음을 알았다. 교수님은 속을 훤히 들여다보듯 말씀하셨다. "연구자라면 공부는 굉장히

 여성철학자의 철학 이야기

진보적인데 삶은 보수적인 괴리를 경계해야 한다." 그 자리에 있던 모든 제자를 향한 조언이었지만 그 말은 한참 동안이나 나를 맴돌았다. 그 문장 앞에서 내 삶이 공부와 동떨어져 있음을, '이웃 사랑'에 두 가지 함정이 있음을 인정해야 했다. 하나는 내게 '사랑'은 완벽하고 무결한 선의 영역이었으며, 타자를 선택적으로 사랑했고, 선이 아닌 것은 선택 밖에 있는 자들에게 부과했다. 또 하나는 '이웃'은 말 그대로 나와 인접하고 비슷한 이들이었으며, 이웃과 이웃이 아닌 대상 사이에 보이지 않는 선을 긋고 있었다는 점이다. 내 가족, 내가 속한 교회 공동체 등 나와 유사하고 가까운 이들만을 '이웃'의 범주에 넣었다. 그리고 마치 이런 고민을 다 아는 것처럼 지도교수님은 버틀러로 박사논문을 써 보지 않겠냐고 제안하셨다. 큰 학자를 공부하게 되면 그 사람의 자취를 따라가면서 자신도 그만큼 넓어지게 된다고 하시면서. 그렇게 버틀러를 만났다.

사랑의 양가성

버틀러의 이성애적 사랑에 대한 비판이 사랑에 대한 정의에 의심을 불러일으켰다면, 버틀러의 후기 사상은 사랑의 양가성으로 나를 이끌었다. 그리고 이러한 개념을 L, Y와 함께하는 시간을 통해 내 삶으로 이해하고 살아 낼 수 있게 되었다. L, Y와는 진지한 이야기부터 시답잖은 이야기까지 나누곤 했는데, 언젠가 내가 꾼 꿈을 이들에게 들려준 적이 있다. 컨디션이 안 좋을 때면 비슷한 악몽을 꾼다. 꿈에서는 매번 남편이 등장한다. 상황과 배경은 달라지지만 변하지 않는 점은 내가 늘 남편에게 상처 주는 선택을 한다는 것이다. 남편에게 상처 입힌 게 미안해서 나는 꿈에서도 운다. 이것이 내가 꿀 수 있는 가장 무서운 악몽이라며, 혹시라도 남편에게 상처 줄까 봐 겁난다고 말했다. L은 가만히 듣더니 〈비밀의 언덕〉이라는 영화를 꼭 봤으면 좋겠다고, 그 영화를 볼 때 내가 떠올랐다고 했다.

1996년을 배경으로 하는 〈비밀의 언덕〉(이지은 감독, 2023)은 초등학교 5학년 명은이의 이야기다. 애살 많고 야무진 명은이는 시장에서 젓갈 장사를 하는 부모와 변변치 못한 가정 형편을 숨긴 채 학교에서 반장으로 활동한다. 명은이에게 학교는 아무것도 바꿀 수 없는 현실 속에서 자기의 세계를 만들어 갈 수 있는 공간이다. 특히 글쓰기는 명은이가 원하는 세계를 그리고 상상할 수 있는 도피처이다. 그런데 글짓기 대회에서 항상 1등을 하던 명은이의 입지가 쌍둥이 자매의 전학으로 위태로워지기 시작한다. 쌍둥이 혜진과 하얀은 부모의 이혼과 아가씨 골목의 사장이라는 엄마의 직업을 아무렇지 않게 이야기하고, 가족사를 소재로 글을 써서 1등을 하기도 한다. 솔직함이 글쓰기의 만능 비법인 것처럼 말하는 혜진과 하얀의 이

　　　　　　　　　여성철학자의 철학 이야기

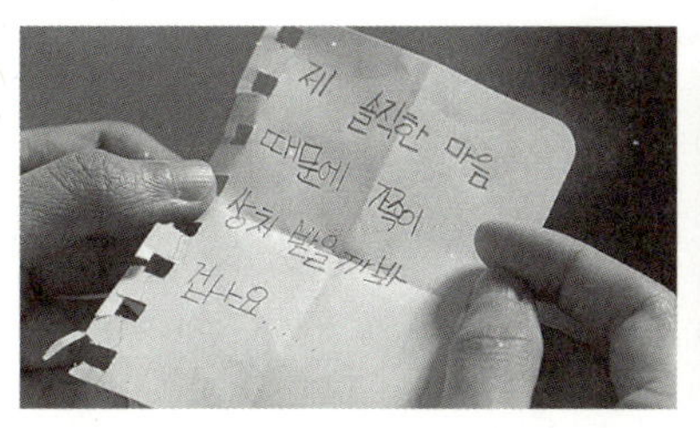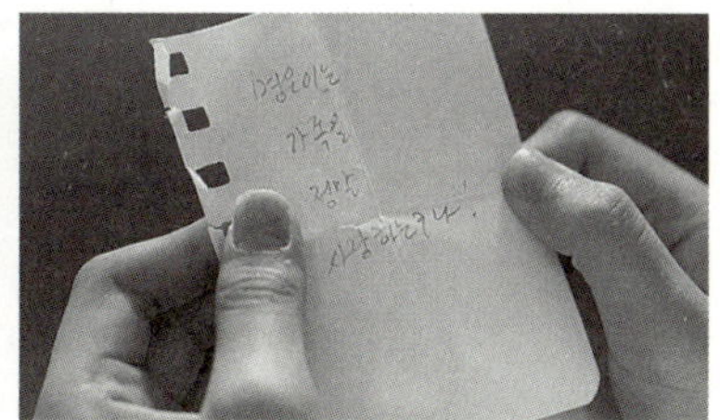

명은이와 선생님이 주고 받은 쪽지

야기를 들은 후, 명은이는 도대회에서 가족에 대한 원망 섞인 마음을 적은 글로 대상을 받게 된다. 그러나 입상 조건으로 글이 지역신문에 실리게 된다고 하자, 명은이는 자신의 글을 보고 가족이 상처받을지도 모른다는 생각에 상을 포기한다. '제 솔직한 마음 때문에 가족이 상처받을까 봐 겁나요'라고 표현하는 명은이를 향해 선생님은 '명은이는 가족을 정말 사랑하는구나!'라고 응답하지만 명은이는 고개를 젓는다.

명은이의 모습이 나와 꼭 닮아서 눈물을 쏟았지만, 더 눈물 나는 가혹한 사실은 삶을 살다 보면 상처를 주고받는 건 피할 수 없다는 점에 있다. 버틀러에 따르면, 우리는 모두 타자와의 관계 속에서 '상처받기 쉬움(vulnerability)'에 노출되어 있고, 그것이 우리의 존재론적 조건이다. 나아가 내가 누군가를 상처 입히고 나 역시 누군가로부터 상처받기 쉽다는 사실은, 우리의 관계 속에 일종의 공격성과 파괴성이 항상 내재해 있음을 의미한다. 달리 표현하자면, '상처받기 쉬움'은 상처 입을까 봐 먼저 폭력을 행사할 수도, 상처 입힐까 봐 두려운 마음에 비폭력으로 나아갈 수도 있는 양가성을 지닌다.

'상처받기 쉬움'과 마찬가지로 사랑 역시 양가적이다. 사랑은 순수한 상태 혹은 미움과 파괴를 외부에 둔 상태가 아니다. 사랑을 구조화하는 힘은 사랑과 증오 사이의 동요이다._{버틀러, 『비폭력의 힘: 윤리학-정치학 잇기』, 220쪽.} 내가 〈비밀의 언덕〉을 보며 마음이 동했던 장면은 이런 사랑의 양가성을 포착했을 때, 즉 '명은이는 가족을 정말 사랑하는구나'라는 말에 명은이가 고개를 가로저은 때였다. 어쩌면 명은이는 선생님이 사랑이라고 부른 것 이면에 있는 자신의 파괴성을 감각했는지도 모른다. 자신의 사랑이 그렇게 순수하고 깨끗한 마음은 아니라는 것, 만약 자신의 마음에 사랑이라는 이름을 붙인다면 그것은 미움과 사랑 사이를 진자 운동한다는 것을 아는 고갯짓은 아니었을까. 그럼에도 상처 주고 싶지 않은 명은이의 마음이 사랑이라고 가르쳐 주었던 선생님처럼, L은 상처 줄까 봐 걱정하는 나의 마음이 사랑이라고 이야기하고 싶었던 걸까.

사랑에 관한 버틀러의 사유에서 배운 것은 파괴성을 부인하는 것이 아니라 그 양가성과 함께 살아가고 행동할 방법을 찾는 것이 중요하다는 점이다. 자신의 파괴적 잠재력을 인식하는 자만이 그 파괴에 저항할 기회를 가질 수 있다._{버틀러, 앞의 책,}

                                               여성철학자의 철학 이야기

220쪽. 버틀러는 파괴와 공격성이 인간 존재의 근본적 조건임을 인정하면서도, 이러한 충동이 사회적 관계와 상호의존성 속에서 어떻게 다른 방향으로 전환될 수 있는지를 탐구한다. 다시 말해, 버틀러는 폭력이 인간의 심리적·사회적 기반에 내재해 있음을 인지하되, 어떻게 하면 그 공격성의 방향을 '공격적 비폭력'*으로 향할 수 있을지를 적극적으로 모색한다. 버틀러가 말하는 사랑은 모든 존재가 서로 적대와 파괴의 가능성을 내포한다 해도 상호의존하고 있다는 사실로 인해 서로를 애도할 수 있는 존재로 인정하는 실천과 연결된다.

L, Y와 동고동락한 지 3년이 지났을 무렵, Y로부터 엽서 한 장을 받았다. "선생님이 지니신 강인함과 끈기가, 사실은 이 세계와 이곳을 함께 살아가는 타자들에 대한 지극한 사랑에서 기인함을 잘 알고 있습니다." 그 편지 뒷면에는 프란츠 카프카의 한 문구가 적혀 있었다. "하지만 내가 너의 행복에 빚지고

---

* 버틀러에게 비폭력은 폭력이 '부재'하거나 폭력을 '삼가는' 수동적 형태가 아니라 오히려 '적극적 행위'에 가깝다. 전자와 같은 수동적 해석에서는 비폭력을 도덕적 입장이나 원칙으로 삼음으로써 폭력을 당해도 폭력적으로 대응해서는 안 된다는 식의 논리가 개진될 수 있다. 이런 방식은 불평등성이 만연한 세계에서 차별을 겪고 있는 이들에게 현실을 변화시킬 가능성을 내어 주지 않는다. 비폭력이 '적극적 행위'라고 이야기할 때 그 의미는 한편으로는 갈등과 공격성이 없는 상태가 아니라, 공격성의 방향을 전환하는 행위, 즉 '공격적 비폭력'을 의미한다. 가령 내셔널리즘을 강화하는 배제적 관계를 '공격'하고 이에 거리를 두는 것이나, 전쟁에 반대하는 '공격적' 입장이 있다. 비폭력은 종속되고 부당한 관계를 '파괴'하기 위해 맞서는 저항에 가깝다.

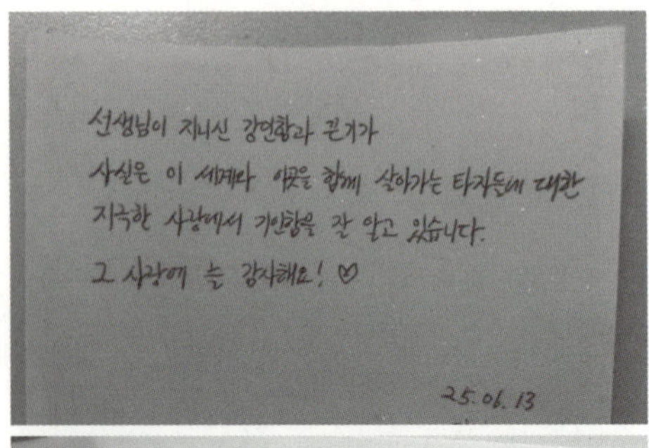

Y가 써 준 엽서

있다는 것, 그건 네가 생각하지 못하겠지." 어떤 문장이 먼저 존재하는 것일까, 엽서 앞뒷면의 문장들을 곱씹어 본다. 어떤 방식으로든 우리가 서로 안에 깊이 연결되어 있다는 사실이 먼저일 것이다. 내 존재가 타자에게 의존하고 있다는 상호의 존성을 인식할 때, 내가 파괴성에 사로잡혀 있음에도 혹은 내가 파괴성에 사로잡혀 있기 때문에 그 파괴성을 상처 주지 않기 위한 방향으로 향할 수 있게 된다. 이렇게 꿈과 L, Y의 세계

                                          여성철학자의 철학 이야기

를 통해 실려 온 메시지를 다시금 되새긴다. 사랑을 의심하고 사랑을 어떻게 정의해야 할지 모를 막막함 앞에서, 사랑의 양가성에도 불구하고 상처 주지 않으려는 방향으로 나아가는 것이 버틀러가 말하는 사랑일지도 모른다고 감히 짐작해 본다.

사랑을 어떻게 실천할 것인가?

2024년 12월 3일 비상계엄령이 선포되고 난 이후, 윤석열 대통령 탄핵을 위한 시위가 전국 곳곳에서 열렸다. L, Y는 서면에서 탄핵 집회가 있는데 같이 참석하지 않겠느냐고 조심스레 내게 물었다. 우리는 서면 광장 두번째 그룹 첫 줄에 앉아 '윤석열 탄핵' 피켓을 들었다. 많은 이들이 민주주의를 되찾고자 하는 열망으로 모인 이날, 유독 기억에 남는 발언이 있었다. 단상에 올라 마이크를 잡은 이들 중 한 이십 대 여성이 다음과 같이 말했다. "이십 대 남성들이 윤석열을 대통령으로 뽑아서 이 지경이 된 것 아닙니까? 반성해야 합니다!" 원래 같으면 크게 호응해 줄 법도 한데, 우리 셋은 아무 반응도 하지 않았다. 남녀 갈등을 조장하는 듯한 발언에 동의할 수 없었기 때문이다. 그렇지만 우리는 누구보다 열정적으로 끝까지 집회에 참여했다. 그 현장에 앉아 있는 모든 이들을 사랑해서도 그들의 모든 의견에 동의해서도 아니었다. 나와 일면식도 없는 이들이지

탄핵 집회에 참석한 셋

만, 민주주의의 심각한 퇴행과 위기를 가져온 비상계엄 선포
에 대해, 시민의 정치적 평등을 훼손하고 폭력으로 통제하려
고 한 행태에 대해 책임을 묻는 연대의 투쟁이었다.

비슷한 시기에 서울에서 차별금지법 반대 집회가 열렸다.
어머니는 내게 교회에서 다같이 서울로 올라가는데 당신도 집
회에 참여하려 한다고 전화로 알려 왔다. 무릎도 안 좋은데 집
회는 무슨 집회냐며 만류했다. 어머니는 결국 참석하지 않으
셨고, 나는 이 일련의 사건들을 같은 신앙을 가진 친구에게 말

　　　　　　　　　　　　　여성철학자의 철학 이야기

했다. 그때 친구는 이렇게 물었다. "네가 대통령 탄핵 집회에 참석하는 건 되고, 어머니가 차별금지법 반대 집회에 참석하는 건 왜 말리는 거야?" 당시 나를 당황하게 했던 그 질문에 대해 이제는 버틀러를 통해 답할 수 있다.

성경의 십계명에는 '살인하지 말라'는 계명이 있다. 버틀러는 절대적인 것처럼 보이는 이 명령을 뒤집어 '살인 금지 명령에 언제 예외가 작동하는가'를 질문한다. 이 논쟁에서 중요한 것은 자기방어(self-defense)*의 문제다. 자기방어에서 '자기(self)'는 "사랑하는 사람들, 아이들, 동물들, 그리고 그 밖에 나와 가깝다고 여겨지는 사람들"로 확장되는데, 이들은 모두 "좀 더 넓은 의미의 자기에 포함된 관계들"버틀러, 『비폭력의 힘: 윤리학-정치학 잇기』, 73쪽.이라고 할 수 있다. 자기방어에 해당하는 선(line) 안의 존재는 나와 가까운 관계들이고 나와 거리가 먼 이들은 선 밖에 존재한다. 그리하여 선 안에 있는 이들을 보호하고자 선 밖에 있는 자들에 대한 살인이 허용된다. 버틀러는 이 구분선이 매우 수상쩍다고 의문을 던진다.

'살인하지 말라'는 계명에 대한 버틀러의 해석을 '이웃 사

---

* 이는 단순히 살해 위협을 느낀 개인이 자기 목숨을 지키기 위한 방어의 차원을 말하는 것은 아니다. 버틀러가 말하는 '자기방어'는 보다 국가적 차원에서 행해지는 폭력, 즉 오늘날 미합중국에서 보이는 군사적 대외정책으로서의 '선제적 살상을 위한 대비'를 의미한다.

랑'의 맥락으로 가져와 본다. 이 계명에서 살해 금지의 대상이 자기와 가까운 사람들에게만 해당하듯, 차별금지법에 반대하는 사람들에게 '이웃'은 자기의 확장에 불과하다. 그들의 세계 안에 동성애자, 트랜스젠더를 비롯한 퀴어들은 존재하지 않기에 인식조차 할 수 없으며, 인식한 이후에도 인간으로 재현되지 않는다.주디스 버틀러, 『위태로운 삶』, 윤조원 옮김, 필로소픽, 2018, 214~215쪽. 차별금지법에 반대하는 가장 근본적인 이유는 그 법이 신앙의 가치를 훼손하고 설교를 제한할 수 있다는 우려 때문이지만, 남녀 간의 사랑이라는 이성애적 가치를 벗어나는 이들은 죄인이라는 생각이 그 중심에 있다. 물론 나는 여기서 동성애가 죄냐 아니냐를 논쟁할 의도는 없다. 그보다 시급한 문제는 많은 경우 죄인이라고 낙인찍힌 이들이 '이웃'의 바깥으로 밀려나 폭력에 노출된다는 사실이다.

역설적이지만 사랑에 파괴적 힘이 있다면 그것은 내가 가장 사랑하는 것까지 파괴하는 힘일 것이다. 우리는 우리가 사랑하는 가족, 종교, 국가라는 '우리'와 '이웃'의 범주를 파괴하고, 전 지구적 상호의존성의 '우리'로 향해야 한다. 또한 그 파괴의 힘을 "평등 확장의 전망을 저해하는 모든 것, 서로 이어져 있는 우리의 유기체적 삶을 위태롭게 하는 모든 것" 버틀러, 『비폭력의 힘: 윤리학-정치학 잇기』, 231쪽.을 향하도록 해야 한다. 탄핵 집회와 차별금지법 반대 집회가 근본적으로 다른 이유는 전자가 자유와

       여성철학자의 철학 이야기

평등이라는 민주주의적 가치를 수호하기 위해 '사랑을 넘어' 연대한 투쟁인 반면, 후자는 협소한 '이웃'의 범주를 고수하고자 평등과 상호의존성을 위태롭게 하기 때문이다. 사랑을 어떻게 실천할 것인가의 문제는 '모든 생명이 지속될 수 있는 세계를 세워야 한다는 의무를 짊어지기 위해 우리가 서로를 사랑해야 하는 것은 아니다'라는 버틀러의 철학 속에서 다시 한 번 새롭게 이해될 수 있다. 중요한 것은 자의적 구분선 안의 사랑을 넘어, 평등을 위태롭게 하는 모든 것에 저항하는 연대이며, 이것이야말로 버틀러가 말하는 사랑의 실천일 것이다.

주디스 버틀러, 몸 그리고 수행성: 경계로서의 몸을 넘어 몸들의 틈새로

세계는 너무나 폭력적으로 변해 버렸고, 전쟁을 비롯한 크고 작은 갈등들은 당연한 일상이 되었다. "러시아와 우크라이나, 이스라엘과 팔레스타인 전쟁이 치열해서 날마다 주검이 실려 나가는데 무슨 잔치를 하겠느냐"라는 한강 작가의 말에선 세계 곳곳의 전쟁과 죽음에 대한 책임감이 느껴진다. 그러나 많은 사람들은 지구 반대편의 참상에 무관심하거나, 이를 알더라도 자기 삶과는 분리된 것으로 여긴다. 나의 몸이 폭력에 내몰린 몸과도 이어져 있고, 그들의 죽음에 나 역시 책임이 있다고 이해한다면 우리 삶은 그 전과 같을 수 있을까? 전 세계적으로 심해지는 폭력을 예전과 같은 시선으로 바라볼 수 있을까? 주디스 버틀러의 문제의식은 이러한 시급하고 중요한 문제들에 깊이 있게 답하고 있다.

버틀러가 처음부터 전 세계적 폭력과 전쟁의 문제를 다룬 것은 아니다. 첫 저서인 『젠더 트러블』(*Gender Trouble*)에서 버틀러는 페미니즘 내의 이성애적 가정을 전복하는 것에 초점을 맞췄다. 하지만 2001년 9/11 테러 사건과 그 이후 미국의 폭력적 대응은 버틀러를 전 지구적 맥락 한가운데로 던져 놓았다. 버틀러는 『불확실한 삶』(*Precarious Life*, 위태로운 삶)을 통해 타자의 불확실성을 대면한 이후 미국이 보여 주는 자국 중심적 폭력과 배제를 비판하고 타자에 대한 윤리적 의무를 제시한다. 이후의 저서들에서는 윤리적 책임이 사회적·경제적 조건과 연결될 수밖에 없으며, 상호의존성을 파괴하는 폭력에 어떻게 저항할 것인지를 보여 주고 있다.

이러한 이론적 지형 속에서 버틀러에게 중요한 개념으로 등장하는 것은 몸과 수행성(performativity)이다. 버틀러의 철학을 설명할 수 있는 용어들은 많지만, 철학 전체를 관통하는 것은 두 개념이라고 할 수 있다. 버틀러는 몸이 그 자체로 권력의 방향을 역전시킬 수 있는 벡터라고 말한다.주디스 버틀러, 『연대하는 신체들과 거리의 정치』, 김응산·양효실 옮김, 창비, 2020, 124쪽. 이에 따라 이 글은 몸이 폭력에 맞서 어떤 저항을 보여 주는지, 이것이 수행성과 어떻게 연결되는지 추적한다. 특히 경계로서의 몸을 살펴보는 초기 이론에서부터, 박탈되고 관계된 몸을 거쳐 연대하는 몸들을 사유하는 후기에 이르기까지 몸의 의미가 어떻게 확장되어 가는지에 초점을 맞추려 한다. 몸을 중심축으로 철학적 궤적을 따라간다면 권력의 방향을 역전시키는 몸의 가능성을 발견할 수 있을 것이다.

경계로서의 몸과 젠더 수행성

살면서 한 번쯤 크게 앓아 본 사람이라면 몸이 얼마나 삶을 쥐락펴락하는지 잘 알 것이다. 그러나 몸이 삶에서 중요하다고 할 때 꼭 건강의 문제만을 일컫지는 않는다. 어떤 몸은 특정 공간이나 소속에서 배제되며 인간이 아닌 존재로 취급되기도 한다. 버틀러의 초기 저서 『젠더 트러블』과 『물질화되는 몸』(Bodies That Matter)*은 이처럼 사회적으로 금지되고 보이지 않게 된 몸을 다룬다. 특히 이성애적 규범을 중심으로 한 젠더 체제를 비판하고 그 규범 밖에 있는 몸에 초점을 두고 있다.** 이

* 국내에는 『의미를 체현하는 육체』(김윤상 옮김, 인간사랑, 2003)로 번역되어 있다. 이 책의 제목은 중의적이다. 영어에서 동사 'matter'는 '중요하다, 의미를 가지다'를 뜻하지만, 동시에 'materialize' 즉 '가시화되다, 현실화되다'로 해석되기도 한다. 따라서 '물질화되는 몸'이란 어떤 몸이 '실재(real)'로 간주되어 셈해지는 몸을 말한다. 반대로 '물질화되지 못하는 몸'이란 사회에서 생명으로 간주되지 않으며, 그 물질성이 중요하지 않다고 여겨지는 모든 종류의 신체를 일컫는다.

** 이때 '규범(norm)'이란 규칙도 법도 아니며, 사회적 실천 속에서 암묵적 표준으

 여성철학자의 철학 이야기

성애적 규범에 맞지 않는 몸은 가시적 영역 바깥으로 밀려나 '비체'('낮을 비卑', '몸 체體'/ abjection)로 간주된다.

몸에 관한 버틀러의 초기 사유에서 내가 주목한 것은 타자를 '몸의 배설물'로 비유하는 대목이다. '나(I)'는 나의 일부였으나 낯설고 이질적인 것을 타자성에 투영하여 배설물로 배출한다. 이를 통해 주체는 몸의 내부와 외부를 구분 지으며, 자신의 정체성을 순수한 것으로 지킬 수 있다. 어떤 몸이 물질화되고 사회적으로 인정받기 위해서는, 특정 몸이 물질화되지 않고 생존 불가능한 비체의 영역으로 밀려나야 한다. 이 은유에서 핵심적인 문제는 주체의 내부와 외부를 나누는 '경계'에 있다. 과연 몸(내부)과 배설물(외부)은 명확하고 안정적으로 나뉘는 것일까? 내부와 외부가 완전히 구분된다면 몸의 경계는 침투 불가능해야 하는데 이것이 가능할까? 배설물은 애초부터 나라는 몸의 일부는 아닐까? 이러한 질문들은 몸의 내부와 외부를 매개하는 경계가 불안정하다는 사실을 간접적으로 표현하고 있다.

이 불안정한 경계를 단단하고 안정적으로 만드는 것은 주

로서 정상화의 역할을 한다.(주디스 버틀러, 『젠더 허물기』, 조현준 옮김, 문학과지성사, 2015, 72쪽.) 이성애적 규범은 사회가 남성과 여성이라는 이분법적 젠더를 정립하고 오직 남녀간의 이성애적 관계만을 '정상'으로 간주하는 강제적 관습을 의미한다.

체와 비체를 분리하도록 강제하는 문화적 질서, 즉 정상으로 확립된 규범이다. 그리고 이 규범에는 권력이 작동한다. 특정 유형의 주체만이 존재론적으로 인정받거나 자격을 획득할 수 있는 이유는 권력이 존재를 차별적으로 나누기 때문이다. 이 분배는 존재를 위계화·종속화시키는 것을 목적으로 하는 권력의 도구이다. 1980년대 미국 로널드 레이건 정부(1981~1989)가 몸을 어떻게 규정했는지를 보면 이러한 권력의 작동을 단번에 이해할 수 있다. 레이건 정부는 신보수주의 정책하에 남성성과 국력을 '하드 보디(hard bodies)'에 연결시킨 반면, 복지수당 수령자·동성애자·쿠바 난민을 미국 복지에 내부적 위협을 가하는 '소프트 보디(soft bodies)'로 규정하면서 그들을 국가적 몸에서 제외했다.이선현, 「주디스 버틀러의 문화이론 연구─젠더 수행성에서 프레카리티로」, 부산대학교 박사학위논문, 2022, 20쪽. 이러한 권력의 작동은 특정 몸을 열등하고 비정상적인 것으로 범주화시킨다. '정상적 몸/비정상적 몸'으로 나누는 존재론적 영역은 처음부터 권력으로 깊이 오염되어 있는 것이다.Judith Butler, "How Bodies Come to Matter: An Interview," Interview by Irene Costera Meijer, Baukje Prins, *Signs* 23.2(1998), p.280.

규범과 권력의 전복은 버틀러의 사유에서 어떻게 이루어질까? 정상적인 몸과 비체화된 몸을 나누는 규범이 반복적 행위의 '효과'일 뿐이라는 점을 주장함으로써, 버틀러는 규범을 해체시키고 저항의 가능성을 엿본다. 먼저 몸의 경계를 구성

　　　　여성철학자의 철학 이야기

하는 규범이 얼마나 불안정한지 폭로하는 작업에 주목할 필요가 있다. 성과 생물학적 영역이 표현된 것으로 젠더를 생산하는 이성애적 규범은 반복의 효과다. 쉽게 말해 여자아이라는 생물학적 성이 여성(women)이라는 젠더가 되는 것은, 먼저 병원에서 여아로 호명되며, 미디어에서 반복적으로 보여 주는 여성으로서의 역할, 가정에서 학습하는 행동 양식, 학교와 직장의 요구 속에서 지속적·반복적 행동을 수행한 결과라는 것이다. 즉 여성/남성이라는 젠더 정체성이 미리 존재하는 것이 아니라 행위의 반복 속에서 그렇게 구성된다. 이를 '젠더 수행성'이라고 한다. 여기서 알 수 있듯, 수행성은 주체나 고정된 정체성이 미리 존재하지 않으며, 젠더 규범이 근본적으로 불안정하다는 점을 보여 준다.

이후 버틀러는 젠더 변형의 가능성을 모색한다. 젠더가 진실도 거짓도 아니며, 정체성을 진실로 만들어 내기 위해 담론의 반복을 통해 생산된 '진실 효과'라면주디스 버틀러, 『젠더 트러블』, 조현준 옮김, 문학동네, 2008, 342쪽., 그 억압적이고 고통스러운 젠더 규범의 반복 속에서 우연성·실패·돌연변이 등 젠더 규범이 흔들리는 지점을 발견할 수 있다. 이때 버틀러는 규범의 반복적 행위 속에서 규범을 변화시킬 수 있는 변동 가능한 경계로 몸을 다시 쓴다.버틀러, 『젠더 트러블』, 346쪽. 몸의 내부/외부를 나누는 경계를 공고히 하는 것이 규범이고 권력의 효과였다면, 몸을 존재가 아닌 근본적으로 불안정하고 변화할 수 있는 경계로 재구성하는 것이다. 경계로서의 몸은 우리가 젠더를 선택할 수 있다는 의미도 아니고, 몸이 담론에 의해 전적으로 구성된다는 뜻도 아니다. 본질적이고 순수한 몸이 선행한다는 생각에 반대하면서도, 몸이 구성되는 것의 필연적 한계, 즉 규범이나 담론이 완전히 포획할 수 없는 지점으로 몸을 읽어 내고 있는 것이다.

젠더 수행성에 관한 버틀러의 사유는 일견 '젠더는 구성되는 것'이라는 주장으로 귀결되는 듯하나, 오히려 그 초점은 특정 몸을 존재하거나 존재하지 않도록 위계화하는 규범과 권력을 분석하고 비트는 데 있다. 젠더를 지배하는 규범은 오랜 시간 속에서 반복적으로 구성되었기에 강력한 고정성을 가진다. 버틀러는 그러한 규범이 얼마나 폭력적인지를 밝히고 그 이상을 해체할 필요성을 주장한다. 몸을 차별하는 존재론에 권력이 작동하고 있음을 폭로할 때, 존재의 그림자 진 구역에 사는 비체화된 몸은 삶의 가능성을 확장하고 향상시킬 수 있다. 그러나 비체화된 몸은 비단 젠더 규범에 맞지 않는 젠더 소수자들과 성소수자들만을 가리키는 것은 아닐 것이다. 이후의 이론적 확장을 고려할 때, 버틀러가 말하는 몸은 폭력과 배제에 저항하는 우리 모두의 몸으로 향하고 있다.

슬픔이 가르쳐 준 박탈된 몸

누군가를 상실한 적 있는가? 그 상실로 인해 슬픔에 압도된 적 있는가? 이러한 질문들은 버틀러의 이론적 전환을 삶 속에서 고민하기 위한 물음들일 것이다. 버틀러의 『불확실한 삶』은 우리를 슬픔의 장으로 데려다 놓기 때문이다. 지난 십여 년 동안 큰 슬픔을 가져온 장면으로는 2014년 4월 16일에 일어난 세월호 침몰 사건이 떠오를 것이다. 단원고등학교 학생과 교사, 일반 승객 등 476명을 태운 여객선 세월호가 진도 앞바다에서 가라앉기 시작했다. 사람들은 애타는 마음으로 뉴스 화면 속 수몰되는 배를 꼼짝없이 바라볼 수밖에 없었다. 그로부터 13년 전, 버틀러 역시 엄청난 상실감과 슬픔을 경험한다. 2001년 9월 11일 뉴욕 한복판에서 일어난 테러는 약 3천 명의 사망자와 6천 명 이상의 부상자를 낳았다. 여객기와 세계무역센터의 충돌 후 생중계되고 있던 현장에 두번째 공격이 일어남으로써, 세계 전역에 그 광경이 실시간으로 송출되었다. 방송을 지켜보던 사람들은 물론이거니와 건물 주변에 있던 사람들, 구조를 위해 뛰어든 사람들조차 살려 달라고 부르짖는 이들을 위해 아무것도 할 수 없었다. 두 빌딩은 무너져 내렸다. 스스로 통제할 수 없고 아무런 조치도 할 수 없다는 무력감이, 생명을 상실한 슬픔이 모두를 집어삼켰다.

슬픔은 자기 자신을 설명하려는 시도를 방해하고 자신을 자율적으로 조절하지 못하게 만든다. 버틀러는 상실의 슬픔이 파도처럼 우리를 덮칠 때, '알 수 없음'이 우리를 장악한다고 말한다.

내가 너를 잃는다면, 나는 상실에 대해 애도할 뿐 아니라 나 자신에게도 이해 불가능한 존재가 된다. 너 없이 나는 누구로 **존재**하는가? 우리를 구성하는 이런 유대관계 중 일부를 잃으면, 우리가 누구인지, 어떻게 대처해야 하는지를 알지 못하게 된다. 어떤 층위에서는 '너'를 잃었다고 생각하지만 결국 '나' 역시 사라졌다는 것을 발견할 따름이다. 다른 층위에서, 어쩌면 내가 잃은 너 '안의' 그것, 마땅히 지칭할 어휘가 없는 그것은, 나나 너 중 한 사람만으로 배타적으로 구성되지 않았지만 너와 나라는 항을 차별화하고 관계 짓는 **유대관계**로 이해해야 할 관계성이다. 주디스 버틀러, 『위태로운 삶』, 윤조원 옮김, 필로소픽, 2018, 50쪽.

'너'를 상실함으로써 내가 무언가에 압도된다면, 그것은 '나' 자신을 알 수 없다는 감각이다. 이것은 나 자신을 벗어나는 감각, 내가 나의 것이 아니라는 박탈의 감각이기도 하다. '너'를 상실하게 되면서 사실은 내 존재가 '너' 덕분에 가능할 수 있음을 알게 된다. 결국 '알 수 없음'을 통해 '알게 되는 것'

 여성철학자의 철학 이야기

은 나를 구성하는 것이 너와의 유대관계였다는 사실이다. 이렇듯 슬픔은 몸에 대한 버틀러의 사유를 확장한다. 몸의 존재론적 구분을 비판하고 해체하려 했던 초기의 사유는 슬픔을 통해 '나'라는 존재가 유대관계이자 관계성에 근거하고 있다는 생각으로 나아간다. 다시 말해, 존재를 차별화했던 권력을 비판하는 것을 넘어 몸을 존재하게 하는 것이 바로 관계성임을 주장하고 있는 것이다.

이런 박탈과 관계성의 감각은 몸의 '상처받기 쉬움(vulnerability)'과 노출에서 나온다. 몸을 구성하는 피부와 살은 타인의 접촉과 폭력에 노출되어 상처받기 쉬우며, 마찬가지로 자기방어의 명목으로 누군가를 먼저 상처 입힐 가능성도 있다. 이처럼 나의 몸은 타자와 세계에 열려 있으며 연결되어 있다. "처음부터 타인의 세계에 넘겨지는 몸에는 그 세계의 흔적이 각인되어 있고 몸은 사회적 삶의 용광로에서 형성된다." 버틀러, 『위태로운 삶』, 56쪽. 몸을 가지고 태어난 삶은 생의 시작부터 세계에 노출되어 사회적 삶 속에서 만들어지므로, 내 몸은 나의 것인 동시에 나의 것이 아니다. 이렇게 박탈과 관계성에 대한 이해를 바탕으로 하면, 버틀러가 상처 입는다는 것이 일종의 '기회'라고 말한 이유를 알 수 있게 된다. 상처 입었을 때 '나'는 나의 몸이 타자의 몸과 세계에 얽혀 있다는 것을 감각하게 되고, 타자의 몸이 어떤 방식으로 고통받고 있는지 알아낼 기회를 갖게 되기 때문이다.

그러나 문제는 이러한 관계성을 인식하지 못하도록 타자와의 대면을 방해하고 타자의 얼굴이 드러나지 못하게 막거나 삭제하는 경우가 있다는 점이다. 우리는 『불확실한 삶』에서 9/11 사건이 가져온 슬픔만큼이나, 미국이 폭력과 보복으로 슬픔을 빨리 해소하려 했으며 슬픔의 위계질서를 만들었다는 사실에 버틀러가 분개하고 있다는 것을 알 수 있다. 9/11 때 사망한 아프가니스탄 사람들, 팔레스타인 사람들, 퀴어들은 부고란에 포함되는 경우가 드물었다. 에이즈로 희생된 생명들은 공적으로 애도 가능한 상실로 인정받지 못했으며, 세계 곳곳의 전쟁으로 인한 대규모의 죽음은 언론에 기록되지 않으며 따라서 애도 불가능해진다. 이런 삶은 살아 있을 때에는 잘못 재현되거나 재현되지 못하며, 죽어도 공적으로 애도받지 못한다.

이처럼 애도 가능성의 차별적 분배는 버틀러가 핵심적으로 제기하는 문제이다. 왜 누군가의 죽음은 애도할 가치가 있고 누군가의 죽음은 그렇지 못한 것일까? 이는 다음과 같은 질문으로 바꿔 말할 수 있을 것이다. 버틀러는 왜 '공적 담론' 속 '재현(탈실재화)'을 중요하게 생각하는 것일까? 죽음과 관계된 애도 가능성을 삶의 재현에 대한 질문으로 치환할 수 있는 이유는, 애도 가능성이 죽은 자들에게만 해당되는 것이 아니라

이미 삶 속에서, 생명체들에게 지어지는 특성이기 때문이다.

　　공적 담론 속 재현의 중요성을 생각하던 중, 동료 선생님과의 대화에서 이해를 이어 나갈 단초를 얻었다. "그래서 보는 게 중요한 것 같아요. 보지 못하고 접촉하지 못하면 그런 폭력과 죽음이 있다는 사실조차 알 수 없잖아요." 나의 몸이 나의 것이 아니며 '너'와 연결되어 있다는 사실을 안다고 해서, 지구 반대편의 삶에 책임감이 생긴다거나 그들의 죽음이 반드시 애도 가능한 상실로 다가오는 것은 아니다. 9/11 사건으로 상처 입은 미국은 오히려 특정 얼굴을 악의 얼굴이자 테러의 얼굴로 만들었고, 공적 담론에서 어떤 삶을 아예 삭제했다. 이처럼 공적 영역에서 타자가 얼굴 없는 자로 만들어지거나 악의 수많은 상징으로 제시된다면, 우리는 타자의 삶을 볼 수 없거나 죽음도 마땅한 것으로 여길지 모른다. 이때, 그들에 대한 애도는 무한정 연기되고 우리는 그 삶과 죽음에 무감각해지게 된다. 그래서 "삶의 가치, 모든 삶의 가치에 대한 더욱 첨예한 이해가 확고해지려면, 어떤 얼굴이 공적 시야에 들어오도록 허용되어야 하고, 보여야 하며, 들려야 한다." 버틀러, 『위태로운 삶』, 18쪽. 이는 버틀러로 하여금 공적 영역에서 일어나는 비인간화·비가시화에 저항하는 실천으로 나아가게 한다.

몸들의 틈새와 복수적 수행성

이 글의 서두에서 던진 질문으로 되돌아가 보자. 나의 몸이 폭력에 내몰린 몸과도 이어져 있고, 그들의 죽음에 나 역시 책임이 있다고 이해한다면 우리 삶은 그전과 같을 수 있을까? 타자의 말 걸기에 응답하고 책임감을 갖기 위해 우리는 무엇을 해야 할까? '책임'에는 일종의 모순이 존재하는 것 같다. 이미 앞에서 살핀 것처럼, '나'는 타자의 흔적을 지닌 박탈된 몸이기에 나 자신을 완전히 알 수 없다. 그럼에도 불구하고 책임 있게 행동하려면 반드시 자기 자신에 대해 명확히 인식해야만 할 것처럼 느껴진다. 이러한 생각은 신자유주의적 논리에서 더욱 강하게 요구된다. 책임의 문제를 개인의 지적·경제적 능력으로 환원하는 사회 속에서, 개인은 자신을 철저히 이해하고 외부의 도움 없이 오롯이 자신의 삶을 경제적으로 책임져야 한다는 압박을 받는다. 가난은 곧 개인의 역량이나 노력이 부족해서 발생한다는 통념이 자리 잡기도 한다. 이러한 논리에 익숙해진 사람들은 자기 검열과 반성만을 반복하다 결국 고립되며, 사회가 요구하는 경제적 능력을 갖추지 못한 이들은 자신을 책임질 수 없다는 이유로 쓸모없는 존재로 간주된다.

버틀러가 책임을 개인의 영역으로 돌리는 것을 비판하는 근본적인 이유는, 이러한 논리가 우리를 고립시키고 타자에

 여성철학자의 철학 이야기

대한 책임을 외면하게 하여 결국 상호의존성을 파괴하기 때문이다. 책임이란 스스로를 책임지는 문제도 아니고, 도덕적 선택이나 성향도 아니다. 책임은 '나'가 처음부터 타자의 삶에 연루되어 있기 때문에 이미 사회적일 수밖에 없다는 것을 이해하는 것으로부터 나온다. 특히 권리의 측면에서 책임의 문제는 매우 중요하다. 내 몸의 권리를 주장하는 것이 다른 몸들의 권리를 박탈하는 경우가 생길 수 있기 때문이다. 미국은 이러한 점을 악용하여 아프가니스탄 여성들의 몸을 해방시킨다는 명목으로 아프가니스탄에서 전쟁을 일으켰다._{주디스 버틀러·아테나}

_{아타나시오우, 『박탈』, 김응산 옮김, 자음과모음, 2016, 89쪽.} 몸의 권리를 찾아준다는 이유로 살인과 폭력을 자행했다. 버틀러에게 권리의 문제는 무조건적 옹호와 지지가 아니라, 사회적 평등이라는 전체적 생명 체제를 고려하는 것이다. 책임은 바로 그러한 관계성에 대한 책임이다.

　이런 맥락에서 공적 공간에서의 공공 집회와 공적 발화는 책임 있는 몸들이 할 수 있는 저항의 가장 강렬한 표현으로 읽힌다. 이 몸들은 어떤 책임을 지고 어떤 저항을 하는 것일까? 이에 답하기 위해 우리는 '수행성'의 의미를 다시 사유할 필요가 있다. 권력의 작동과 규범이 우리를 형성한다 해도 반복을 통한 수행성에는 단절이 생산될 가능성, 전과 다른 결론이 나올 가능성이 존재한다. 여기서 버틀러가 말하는 단절은

과거의 시간을 갑작스럽고 완전하게 끊어내는 것이 아닌 규범의 반복 가능성 속에서 일어나는 변화들을 의미한다. 즉, 중요한 것은 자신의 생산 조건들을 제거하는 데 있는 것이 아니라 그 생산이 지닌 결정적 힘에 저항하며, 생산적 규범들의 반복 가능성, 그리고 그 불안정성(fragility)과 변형 가능성을 적극적으로 활용하는 삶을 살아가려는 책임을 스스로 떠맡는 데 있다.주디스 버틀러, 『전쟁의 프레임들』, 한정라 옮김, 한울아카데미, 2024, 187쪽. 이러한 의미에서 버틀러가 저항의 행위로 몸들의 연대와 집회를 제안하는 것은, 몸을 향한 권력의 폭력에 반대하기 위함이자 규범의 반복 가능성 속에서 출현하는 일련의 중요한 변화들을 만들어 내려는 책임 있는 행동이 된다. 구체적으로, 몸을 공적 공간에 드러내는 것은 공적 영역을 차별적으로 배분하는 것에 저항한다. 다시 말해 공적 영역에 드러나지 못하게 타자를 비인간화시키거나 타자의 얼굴을 지워 버리는 폭력에 항거하는 것이다. 몸의 출현이 곧 차별적 조건들에 대한 저항인 셈이다. 또한 공적 공간에서의 집회를 통해 물질적 환경과 공공재에 대한 평등한 분배를 받지 못한 이들이 복수의 몸들을 통해 물질적 환경(거리, 건물 등)을 점령하고 재구성한다. 이때, "환경은 한데 모인 몸들의 행동의 일부가 되며, 그 환경 자체는 행동의 지지 기반"버틀러, 『연대하는 신체들과 거리의 정치』, 107쪽.이 된다. 즉 몸들의 연대는 우리 몸이 사회적·경제적 조건에도 의존하고 있다는 바로

　　　　　　　　여성철학자의 철학 이야기

그 상호의존성을 증명한다.

여기서 수행성의 모순적 의미가 드러난다. 역설적이지만, 차별과 불평등이라는 부정적 상황은 몸이 집회로 나갈 수 있는 조건이 된다. "단결된 행동은 정치적인 것에 대한 기존의 지배적 개념들 중 불완전하지만 강력한 면모들에 의문을 제기하는 구체화된 형식이 될 수 있다. (……) 몸은 많은 시위에서 프레카리티(precarity)를 자신을 움직이게 만드는 조건으로 삼는다."버틀러, 앞의 책, 18쪽 범박하지만 프레카리티가 삶의 불확실성을 차별적으로 배분하는 권력의 작동을 의미한다면, 버틀러는 이러한 차별, 불평등, 위계화가 몸들이 단결된 행동을 할 수 있는 조건이 된다고 본다. 몸들의 연대와 집회는 우리를 형성한 규범을 제거하는 것이 아니라, 이를 조건으로 삼아 다르게 반복함으로써 새로운 변화를 만들어 낸다. 버틀러의 표현을 빌리자면, 수행성은 규범적 기반들 '한가운데서 이에 반대하여'(within and against) 작동하는 것이다.버틀러, 『박탈』, 167쪽. 몸들의 연대를 통한 복수적 수행성은 공적 공간과 사회적·경제적·물질적 환경에 대한 불평등한 배분이라는 조건으로부터 출현하며, 이에 저항하기 위해 몸들이 거리로 나올 때 차별적 분배들은 다시 구성된다. 행위의 반복 속에서 젠더 규범이 다시 쓰였던 것처럼, 몸들의 지속적이고 반복적인 연대 속에서 불평등하게 분배된 공적 공간과 제도적·환경적 기반이 재편될 수 있다.

주목해야 하는 것은, 이러한 저항이 혼자가 아닌 연대하는 몸들의 '사이'에서 일어난다는 사실이다. 우리는 차이를 가지고 한데 엮인 몸들 사이에서 억압과 불평등을 재의미화할 힘을 얻게 된다. 투쟁하는 몸들이 집단적 방식으로 모습을 드러내어 자신들이 여전히 존재함을 의미화하고 공적 공간에 나타나 생존과 번영의 권리가 있음을 선언하는 순간인 것이다.

하나의 몸이 출현의 공간을 확정짓는 것은 아니다. 오히려 이런 행동, 이런 수행적 실천은 오직 여러 몸들 '사이'에서만 발생하고, 나 자신의 몸과 다른 이의 몸 사이 어떤 틈새를 구성하는 공간에서 발생한다. 그러므로 나의 몸은 정치적으로 행동할 때 홀로 행동하는 것이 아니다. 실로 행동은 '사이'에서 발생한다. 우리를 한데 엮기도 하고 우리의 차이를 드러내기도 하는 어떤 관계를 위한 공간적 형상인 '사이'에서 말이다. 버틀러, 『연대하는 신체들과 거리의 정치』, 114~115쪽.

그렇다고 거리에 모인 몸들만 연대하고 저항할 수 있는 것은 아니다. 움직여서 밖으로 나올 수 없는 몸, 말할 수 없는 몸이라 해도 절망할 필요는 없다. 버틀러는 몸을 가진 생명이라면 그 어떤 방식이든 연대할 수 있다고 말한다. "특정한 몸은 공적 공간에 출현하는 일이 제한될 수밖에 없는데, 바로 그 때

　　　　　　　여성철학자의 철학 이야기

문에 나설 수 없는 이들 또한 인민(the people)으로 정의될 수 있다."버틀러, 앞의 책, 16쪽. 즉 공적 영역에 접근하지 못하는 몸들, 출현에 충분한 접근성을 갖지 못하는 몸들은 그 자체로 불평등과 차별을 증명하는 셈이 된다. 중요한 것은 우리의 몸이 이어져 있다는 사실이다. 이는 우리의 몸이 행동할 수 있는 조건이기도 하지만, 몸들의 연대를 파괴하는 체제와 폭력에 저항하면서 지켜 내야 하는 것이기도 함을 의미한다.

지금까지 살펴본 몸에 관한 버틀러의 사유에서 일관된 것이 있다면 몸이 권력을 역전시키는 벡터로 작용한다는 점이다. 그러나 미묘하게 다른 것은 몸을 경계로 보았던 초기의 논의가 '시간' 속에서 권력을 예상치 못하게 굴절시키는 '방향'에 초점이 맞추어져 있다면, 몸들의 사이와 연대를 강조하는 후기에는 방향 못지않게 '공간'과 '크기'도 중요해진다. 버틀러는 우리가 착취당하고 배제되고 폐기되고 부정되는 삶을 산다 해도, 이러한 부정을 전환할 가능성을 연대하는 몸들의 출현에서 찾는다. 연대적이고 병렬적인 저항만이 폭군적 통치를 거부할 수 있다. 이것이야말로 하나의 몸으로는 이뤄 낼 수 없는, 복수적 몸들에서 발견되는 수행성의 힘이다.

브라이도티와 여성-되기

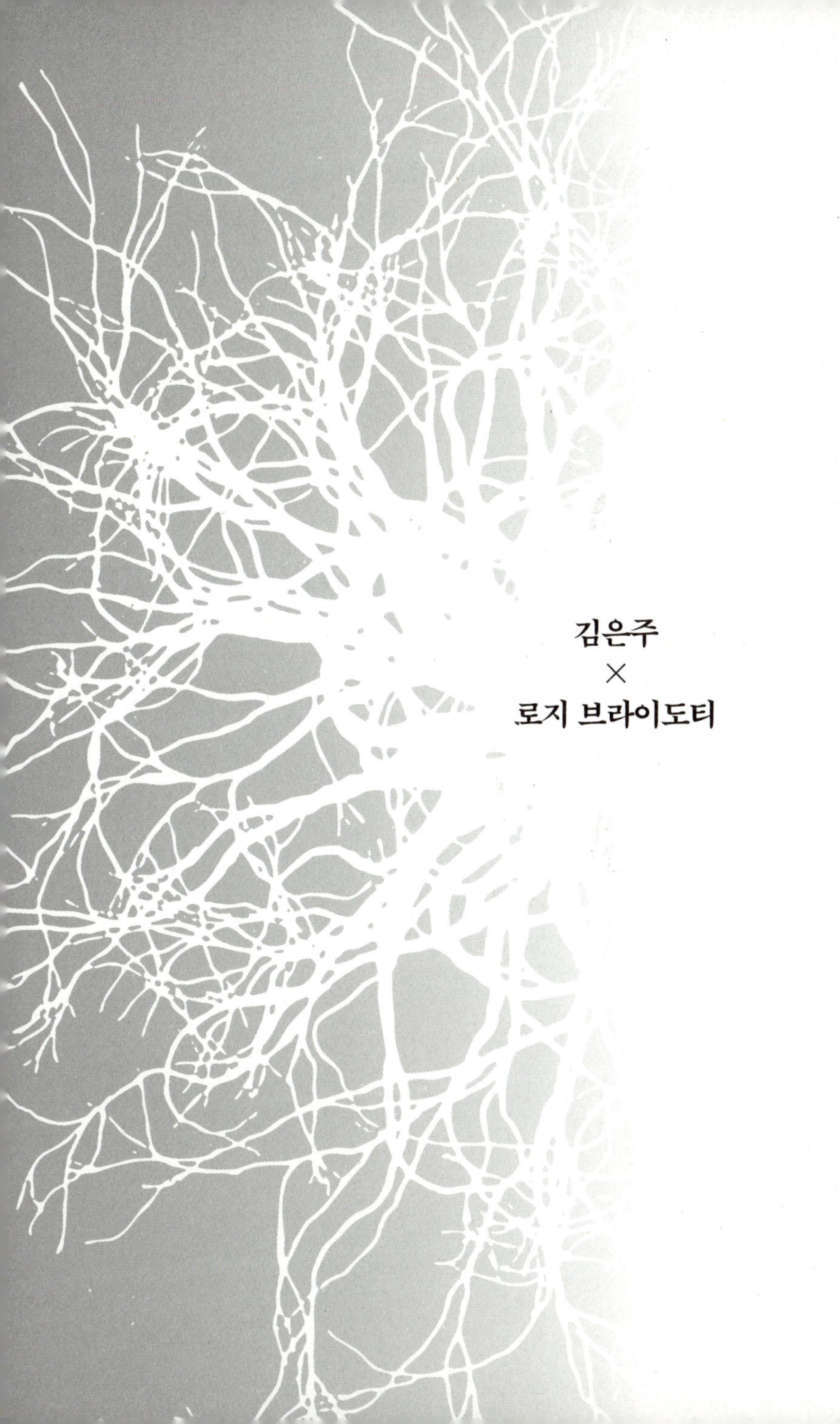
김은주
×
로지 브라이도티

몰락과 우연이라는 철학하기의 여정

나는 학부에 철학과로 입학하지 않았다. 이화여자대학교에서 정치외교학을 전공했는데, 2학년이 되니까 주변에 철학과 수업을 듣는 친구들, 철학을 전공하는 친구들도 생겼다. 내가 대학에 입학할 당시에는 학부에 대학생들이 자치적으로 운영하는 학회가 여전히 활성화되어 있었다. 물론 이러한 자치적 학회가 오륙 년 뒤에는 사라졌다고 들었다. 어찌 보면 그 시절은 학회 활동이 마지막 불꽃처럼 활활 타오른 때이었을지도 모른다. 그런 덕분에, 나도 멋모르고 철학 학회에 들어갔다.

학회 모임은 마르크스주의 철학이나 대학생들을 위한 얇은 철학책을 읽는 모임이었다. 실은 친목을 위한 학회 뒤가 더 기대되는 모임이었다. 공부는 조금만 하고 뒤에 뒤풀이가 긴.

   여성철학자의 철학 이야기

그렇지만, 학회 활동은 어쨌든 철학책을 함께 읽게 했고, 결국에 나는 철학수업을 듣고 싶다는 생각을 하게 되었다. 당시에 필수 교양수업으로 '예술과 사상'이 있었는데, 그때 그 수업을 들었을 때, 예술도 예술이지만 사상이 재미있었고, 처음으로 포스트모더니즘이 흥미롭다고 생각해서 철학과 수업을 조금씩 듣기 시작했다.

철학과 강의들은 그냥 다 좋았다. 추상적인 개념들이 칠판에 써지고 말로 풀어지는 강의에 시간 가는 줄 모르고 몰입했다. 특히 강의에서 제기된 논의가 집에 돌아가서도 계속 생각난다는 게, 나에겐 매력적이었다. 학부 때 멋모르고 읽었던 비트겐슈타인과 니체, 두 철학자의 글이 아직도 기억에 남아 있다. 그런 책들에 쓰인 글들을 잘 이해할 수는 없었지만 수업에서 같이 읽었던 순간들이 특별했다. 마치 마술 융단에 탄 기분이라고나 할까. 하지만 마술 융단에 탔다는 건 아무짝에 쓸모없다. 왜냐면 마술 융단은 실제로 없으니까. 그럼에도 이 쓸모없음이 바로 굉장히 신명 나게 하고, 살아 있다는 감각을 느끼게 했다.

내가 생각하기에 철학은 위로와 위안을 주기 위한 학문은 아니다. 그렇지만 본의 아니게 위로와 위안을 주는 순간들이 나에게 있었다. 그런 순간들이 학부시절 철학과 수업을 들으면서 느꼈던 감흥이었다. 그리고 또 나는 철학하는 여자들이 모여 있는 게 좋았다. 혼자 마술 융단을 타는 게 아니라 같이 하늘에 붕 떠서 날아가는 기분, 철학하는 여자들이 계속 공부를 하고 싶어 하고, 같이 모여 있는, 마술 융단과도 같은 철학과 강의실이 좋았다. 철학하는 선생님, 철학하는 여자들이 생각났고 그리워져 철학과 수업을 찾아갔다.

이상하게, 학점도 괜찮았고, 그렇게 학점이 쌓이다가 대학교 3학년 2학기 11월 말 쯤에 부전공 신청 기간에 살펴보니 철학과 학점을 나도 모르게 많이 수강했다는 사실을 발견했다. 부전공 신청이나 해볼까 생각한 끝에, 신청을 했다. 1년이 지난 후 졸업을 앞에 두고, 철학을 공부하고 싶다는 생각이 들었다. 졸업을 한 학기 미룬 후 조금 더 고민을 하기로 했다.

나의 몰락

아마도 그때쯤 나는 '나'라고 믿어 왔던 세계가 몰락하고 있다고 느끼고 있었다. 몰락이라는 말이 주는 느낌은 황폐하다. 몰락한 집안, 몰락한 가문, 빈집과 거미줄 긴 창문과 음산한 풀숲이 몰락의 이미지이다. 또한 몰락은 어떤 물체가 푹석 주저앉는 듯한 느낌을 주기도 한다. 작은 벌레는 기둥을 조금씩 파 들어간다. 그 기둥이 받치고 있는 지붕은 제 무게를 견디어 내지 못한다. 무게를 견디어 내지 못하는 그 찰나, 그 순간, 거대한

                    여성철학자의 철학 이야기

소리와 함께 모든 것은 무너져 내린다. 그리고 한동안의 먼지 그리고 잔해. 몰락은 말 그대로 다 떨어지고 멸망해 버린 상태이다.

나에게 있어서 몰락은 단순히 한 개인의 실패나 좌절을 뜻하지 않았다. 당시의 나에게 몰락은 세계의 기반이 무너져 내리는 경험이며, 삶을 지탱하던 모든 지평이 사라지는 체험이었다. 몰락의 감지는 '나'의 신념과 가치관, 인간관계와 세계관이 더 이상 의미를 지니지 못하게 된 순간이었다. 그 순간은 '나'를 지탱하고 있던 가치관이 변동하고, 정확히 말하면 기존의 모든 것들을 부인하고 남아 있는 것이 아무것도 없음을 감각하는 상태였다. 그저 의심할 나위 없이 분명한 것은 내가 숨쉬고 있다는 것, 그저 세상만사가 이렇게 저렇게 제 모습으로 제 현상으로 분명히 내 시선을 장악하고 있다는 것뿐이었다.

나는 몹시 어지러웠다. 그때 아주 정신없이 달려가다가 우연히 마주친 쇼윈도에 비친 내 모습은 창백하고 불투명했다. 알고 있던 모든 것들에 대한 회의. 그렇게 훌륭했던 그에게 발견한 위선. 나는 아무것도 믿을 수 없었다. 예전에 알고 있었다고 생각했던 것들이 결국 근거 없는 믿음이라는 사실을 발견하자 모든 것이 아득해져 버렸다.

이러한 몰락으로부터 무엇을 찾을 수 있을까? 몰락의 잔해를 헤집어 보면 예전에 다정했던 물건, 익숙했던 무언가가 제 모습을 잃고 스러져 있다. 이미 조각나고 파괴된 곳에서 무엇을 찾을 수 있을까. 몰락은 후회일까. 지켜 내지 못했음에 대한 후회일까. 나는 여러 차례 되물었다. 몰락에 대해서.

몰락을 마주하고서, 나는 삶을 몰락의 과정으로 생각했다. 매일 떨어지는 머리카락, 방 한구석에서 침 바른 손가락에 붙은 머리카락 그 끝자락에 붙어 있는 하얀 살점 한 조각. 예전에 그 살점이 머리 표피에 단단히 붙어 양분을 받고 자라났다. 그러나 어느 순간 머리카락은 공기로 하락하여 부서져 소멸하여 먼지로 탄생한다. 당시에 나는 태어남과 동시에 죽음으로 달려가는 존재인 인간을 몰락의 증후라고 여겼다. 살아 있음이 향하는 방향이 몰락이라고 생각했다.

몰락에 관한 나름의 고민 끝에, 치달은 생각의 실타래는 '만약 몰락이 없다면'이라는 가정과 질문으로 이어졌다. 그러고 나서 생각을 멈추어 세운 것은 몰락과 삶이 분리 불가능하며, 몰락은 그저 끝이 아니라 삶의 역량과 연결된다는 것, 생성과 맞닿아 있다는 발견이었다.

몰락이 일으킨 회의, 더 이상 이렇게 믿을 수 없다는 막다른 길. 기존의 믿음에 대한 회의는 나를 무너뜨렸지만 나는 비로소 나 자신에 대해서 생각해 보고 있었다. 내 머리로 생각하고 싶음에 대한 욕구는 몰락 직후 회색 먼지가 걷힌 후 시작되었다. 아주 오래전 봄 4월, 그것은 '나'를 생성하는 출발이기도

   여성철학자의 철학 이야기

했다.

　몰락의 경험은 언어와 문헌을 다시 보게 했다. 모든 말은 다소 과장되어 있다. 특히 엄숙한 말들이 그렇다. 엄숙한 말은 자신이 진리를 직접적으로 담고 있는 듯이 말한다. 그러나 언어는 언제나 상황적이며, 문맥적이다. 그 자체로 진리를 담고 있는 언어란 없다. 문헌에 대한 신뢰 역시 그렇다. 우리는 경전이나 오래된 고전을 절대적 권위로 떠받들곤 한다. 그러나 문헌은 읽는 자의 상황 속에서만 의미를 갖는다. 문헌을 신성화할 때, 그것은 더 이상 살아 있는 텍스트가 아니라 박제가 된다. 아무리 신뢰할 만한 문헌이라도 그것이 독단이 되면, 삶 속에서 다시 생성되는 능력을 잃는다. 문헌은 그 자체로 진리가 아니다. 문헌은 질문을 던지고, 사유를 자극하는 매개이다. 내가 몰락 이후 발견한 것은 바로 이것이었다.

우연의 길에 들어서, 여성주의 철학과의 만남

'나'의 몰락 이후, 조금 더 시간이 지난 후 나는 철학과 대학원에 진학하기로 마음먹었다. 하지만 다시 생각해 보면, 이렇게 철학을 전공하게 된 과정 자체는 많은 우연의 연속들로 이루어져 있다.

　철학이라는 학문에 대해 잘 모르고 있다가 대학에 들어와

서, 철학을 배우게 되면서 실은 내가 정말 공부하고 싶었던 학문이 철학이라는 것을 깨닫게 되는 시기가 있었다. 그저 '철학 공부 해보고 싶다, 철학 좀 더 알고 싶다' 이런 마음들이 슬며시 갑자기 쏟아지는 빗물로 적셔지고 어느새 갠 날씨의 햇빛으로 광합성하며 자라났다. 그러고 나서, 그냥 자연스럽게 물이 드는 것처럼 어느새 철학과에 와 있는 나 자신을 발견했다.

여성주의 철학을 하게 된 이유도 비슷한데, 어쩌다 보니 나는 이미 깊숙이 연루되어 있다. 연루됨은 의지나 필연과는 무관하다. 오히려 우연의 힘이라고 말할 수 있다. 처음부터 청운의 꿈을 갖고 '여성주의 철학 할 거야!'라고 결단하고 의지하는 그런 식의 다짐을 갖고 철학, 여성주의 철학을 한 건 아니었다. 여성주의 철학을 하게 된 것은 몰락과 생성을 거듭하는 '나'의 살아 있기 위한 몸부림 덕분일 것이다.

가만히 더듬어 보면, 몰락은 한 번에 그치지 않았고 여러 차례 찾아왔으며, 삶을 부여잡는 우연과 운의 연속 끝에 여성주의 철학을 마주했다. 알 수 없는 이유로 펴 본 책에서 발견한, 생각한 것보다 많은 여성 사상가들의 존재와 그들이 했던 말들이 나의 삶 옆에 섰다. 이들 대부분은 아카데미 안에 있지 않은 사람들이었고, 시인이기도 했고, 글을 쓰거나 그림을 그리기도 하고, 거리에서 싸우는 활동가이기도 했다. 지금은 그들이 쓴 글은 사상으로서 의미를 찾아 페미니즘 철학의 고전

　　　　　　　　여성철학자의 철학 이야기

처럼 읽히기도 한다. 그들의 책과의 우연한 눈 마주침이 여성
주의 철학에 발 담그게 된 이유이자 계기일 것이다.

대학원에 와서 내가 만났던 선생님들 역시 여성주의 철
학과 관련한 사유를 강의에서 다루었다. 그러한 과정을 거치
면서 또 우연하게 만난 철학자가 질 들뢰즈였다.『프루스트와
기호들』을 읽다가 낯설지만 마음을 멈추게 하는 구절에 끌렸
고,『천 개의 고원』을 여러 차례 강독할 기회를 갖게 되면서,
들뢰즈가 제기한 '되기' 그리고 '여성-되기'라는 개념에 큰 흥
미를 갖게 되었다. 그리고 그 개념이 실은 뤼스 이리가레(Luce
Irigaray)와 엘렌 식수(Hélène Cixous)와 같은 페미니스트 철학
자의 논의 안에서 영향을 받았다는 것도 알게 되면서 더 흥미
로웠다.

이상하게 질 들뢰즈와 펠릭스 가타리의 글을 읽으면서 근
대를 넘어서는, 근대와는 다른 식의 사유들이 이미 페미니즘
철학에 있었다는 것을 깨닫게 되었고, 로지 브라이도티(Rosi
Braidotti)의 사상을 본격적으로 공부하면서 나는 좀 더 여성주
의 철학과 가까워졌다. 우연히 읽어 냈던 여성 사상가들의 글
로 고무되어 다른 삶의 방식과 그와 조우하는 사유를 찾아 나
서던 나에게 들뢰즈 그리고 브라이도티로 이어지는 공부를 통
과해, 여성주의 철학으로 나서게 된 일은 너무나 자연스럽게
느껴진다. 하지만 나는 그 여정이 어떤 행운과 우연의 작용이

라 여겨진다.

윤리, 어떻게 살 것인가라는 질문

몰락과 우연을 통해 나는 석사 과정에서는 헤겔의 사상에 압도되었고, 이해하려고 노력했고, 앞서 썼던 것처럼 박사 과정에서는 들뢰즈와 브라이도티의 사유 그리고 여성주의 철학 이론에 깊숙히 매료되었다. 헤겔과 들뢰즈는 대척되는 사유로 흔히 여겨지기도 하나, 지금 생각해 보면 그들 모두 '삶'과 '욕망'을 철학적 주제로 삼았고, '윤리'를 문제화했다.

나에게 윤리는 습속, 습관, 삶의 방식과 관련된 것이다. 습속의 문제에서 생각해 보면, 윤리는 우리가 어떻게 이렇게 되어 왔는가를 질문하고, 어떻게 살아야 할까에 대해 살펴보는 것이라 생각한다. 나 역시 사유와 삶이 맞붙는 자리, 위치 그리고 거기에서 일으켜진 충격 혹은 몰락이라 부를 수 있는 지점에서 철학을 시작해 왔다. 그것을 윤리적인 것이라고 부를 수 있다면, 헤겔에서 들뢰즈로, 브라이도티의 사상에 힘입어 여성주의 철학으로 몸을 맡긴 궤적은 당연하다고 할 수 있겠다.

그 궤적은 윤리를 도덕과 동일시하는 오래된 전제와의 결별을 동반한다. 자유의지를 지닌 실천적 존재로서 인간성을 상정하는 논의와 멀어져, 신체와 물질로부터 습관, 습속으로서 윤리를 고민하는 것이다. 나에게 윤리는 육체적 존재, 생명체라는 사실을 통해서 어떻게 더불어 살 것인가를 모색해 보는 것이기도 하다. 이러한 윤리는 우리가 영원히 살 존재는 아니라는 자각, 그리고 우리가 태어난 순간부터 누군가의 돌봄이 필요하다는 인정 그리고 우리가 유한한 존재라는 사실에 대한 긍정이다.

이러한 윤리는 특히 우리가 어떻게 살아가는 존재인가라는 물음에 대해 기존과는 다른 사유의 필요성을 제기한다. 또한 지구 행성의 기후 위기, 생태 붕괴를 앞에 두고 '인간이 우월하다, 특별한 존재이다'라는 전제가 오만이자 멸종으로 향하는 것임을 알아차리고, 인간중심주의, 인간이 다른 생명체보다 우월한 존재라 생각했던 근대의 전제로부터 벗어난 인식과 존재 이해의 기획이 윤리적 성찰과 새로운 가치 제기 및 그 실행이 윤리적 사유의 중심을 차지할 것이다.

오래된 도시라는 '언어'로 철학의 세계에서 사유하기

우리의 언어는 하나의 오래된 도시로서 간주될 수 있다. 즉 골목길들과 광장들, 오래된 집들과 새 집들, 그리고 상이한 시기에 증축된 부분들을 가진 집들로 이루어진 하나의 미로; 그리고 이것을 둘러싼, 곧고 규칙적인 거리들의 획일적인 집들을 가진 다수의 새로운 변두리들.루트비히 비트겐슈타인, 『철학적 탐구』, 18절.

얼마 전 리뉴얼된 학관(학생회관)을 찬찬히 살펴본 적이 있다. 내가 대학원에 있던 시절에는 학관 418에 철학과 대학원생 연구실이 있었다. 지금은 다른 층으로 이전하고, 그 공간은 강의실이 되었다. 그럼에도 여전히, 내가 공부해 온 이화여자대학교에는 철학과가 있고, 학부에서 공부하고 석사와 박사 과정까지 와서 연구하려는 학생들이 학교에서 분투 중이다.

많은 것이 변한 듯하지만, 여자가 철학을 한다는 사실을 어떤 사람들은 납득하지 않는다. 여자가 사유하는 존재라고? 되묻는다. 사유하는 여자의 존재가 사람들에게 당연하게 받아들여지지 않는다. 사유를 업으로 삼는다는 것은 어떤 이들이 봤을 때 실용적이지 않은 일일 수 있다. 이렇게 비실용적인 일은 큰 뜻을 품은 남자들이나 하는 거라는 통념도 있다. 이러한 편견의 세계에서 여자가 사유를 삶을 걸고 할 수 있다는 것을 쉽게 납득하지 않는다. 그럼에도 불구하고, 세계와 맞서듯이 혹은 그러지 않듯, 여성은 사유하고 사유할 것이다.

팬데믹을 겪고 나서 새롭게 달라진 학관 이곳 저곳을 둘러보며, '이대로 똑같이 사는 방식으로는 더 이상 살아갈 수 없구나, 예전과 똑같이 살 거라고 생각하면 안 되겠다. 세상은 이미 변화했구나' 하는 생각이 들었다. 디지털 기계도 업데이트를 안 하면 어떤 건 작동이 아예 되지 않는다. 기계만 업데이팅

     여성철학자의 철학 이야기

하는 게 아니라 삶에도 업데이팅이 필요하다. 사유를 구성하는 '언어'는 오래된 도시와도 같지만 여전히 살아가는 존재가 있기에 증축되고 달라진다. 이제는 기계와 더 많은 이야기를 나누고 기계 언어와 인간 언어가 교차하여 서사와 논의를 만들어 간다. 사유의 언어뿐 아니라 삶의 업데이팅에 관한 자각은 진보의 추구가 아니라, 새로운 적응과 다른 생활방식을 발명해야 하고, 생각해야 하는 중요한 시기를 강조하는 성찰이다.

원하든 원치 않든 예전과 똑같은 방식으로 살 수 없음은 이미 체험하는 감각이다. 그렇다면 철학이 해야 될 일은 어떤 것인가에 관해 생각한다. 마사 누스바움(Martha Nussbaum)의 『혐오와 수치심』조계원 옮김, 민음사, 2015에서 밑줄 친 대목 '삶이 불완전하고 불확실하다는 사실을 솔직하게 받아들이는 데에서 시작하는 게 우리한테 바람직'하고 필요한 것 같다. 그 불완전, 불확실 속에서, 새로운 사유의 방향 그리고 삶의 속도를 가늠해 본다.

이 속도를 재사유하고, 그 속도에 따라 보이는 풍경들 혹은 보이지 않는 풍경들에 관한 윤리적 사유가 필요하지 않을까? 또한 삶의 속도 역시 주어진 대로 받아들이지 않고 다시 발명해야 할 긴급한 요청이 있지 않을까? 그것이 몰락과 우연을 거듭한 철학하기의 여정에 있는, 내가 지금 여기에서 하는 생각이다.

로지 브라이도티, 여성-되기 그리고 포스트휴먼

로지 브라이도티의 문제의식

로지 브라이도티(Rosi Braidotti, 1954~)는 이탈리아 태생의 철학자로 네덜란드 위트레흐트 대학교의 명예교수이자 페미니즘 철학과 포스트휴머니즘 논의를 이끄는 철학자이다. 그는 『유목적 주체』박미선 옮김, 여이연, 2004., 『변신: 되기의 유물론을 향해』김은주 옮김, 꿈꾼문고, 2020., 『포스트휴먼』이경란 옮김, 아카넷, 2015. 등을 통해, 근대적 주체 개념을 넘어서려는 시도를 전개해 왔고, 주디스 버틀러, 도나 해러웨이(Donna Haraway)와 더불어 동시대 페미니즘 철학에서 중요한 전환을 이끌어 낸 사상가 중 한 명이다.

브라이도티의 작업은 단순히 여성의 권리를 주장하는 차

원을 넘어, 인간 주체 자체를 새롭게 사유해야 한다는 문제의
식을 담고 있다. 근대 이후 서양 철학은 이성적이고 자율적인
주체를 '보편적 인간'으로 상정해 왔다. 그러나 이 보편적 인간
은 실제로는 특정한 성별(남성), 인종(백인), 계급(중산층), 성적
지향(이성애자)을 은연중에 기준으로 삼아 왔다. 그 결과, 여성
이나 유색인종, 성소수자, 장애인 등은 '보편적 인간'에서 배제
되거나 주변화되었다. 브라이도티는 '보편적 인간' 개념의 허
구성을 드러내고 근대적 주체 개념을 비판하면서, 인간을 언
어, 권력, 기술, 물질이 얽힌 관계망 속에서 끊임없이 변형되는
역동적 과정으로 제시한다.

  이러한 브라이도티의 사유는 들뢰즈, 가타리, 푸코, 그리
고 뤼스 이리가레를 비롯한 페미니즘 이론가들의 논의와 깊
이 얽혀 있다. 브라이도티가 특히 강조하는 것은 '신체' 개념이
다. 그는 신체를 철학적 개념어로 삼아, 단순히 정신이 거주하
는 그릇이 아니라, 감각·사유·기억·기술이 얽힌 살아 있는 물
질로서 이론화하고 여성 신체에 관한 논의를 새로운 지평에서
다룬다. 버틀러가 수행성(performativity)을 통해 젠더 규범의
균열 가능성을 보여 주었다면, 브라이도티는 그 가능성을 신
체 자체의 물질적 역량에서 찾으려 한다는 점에서 구분된다.

  이러한 브라이도티 논의의 핵심적 개념어가 바로 유목적
주체(nomadic subject)이다. 유목적 주체는 고정된 동일성에서

벗어난 주체성의 새로운 지평을 모색한다. 유목적 주체는 새로운 주체화의 역량을 찾는 것이자, 다양한 맥락에서 드러나는 차이를 긍정하고 그것을 통해 새로운 주체의 가능성을 발견하는 작업이기도 하다.

브라이도티는 유목적 주체를 통해 특히 페미니즘 철학이 근대적 보편주의에서 이탈하여 새로운 주체의 형상화를 시도해야 함을 역설한다. 페미니즘의 물결론에서 살필 때 제2물결 페미니즘까지의 기조는 여전히 '여성'이라는 보편적 주체를 상정하고, 그 주체를 중심으로 권리를 확장하려 했다. 또한 보편 인권의 차원에서 '여성' 주체의 자유권과 평등권에 착목하는 실천을 해나갔다. 그러나 브라이도티는 '여성'을 고정된 정체성으로 간주하거나, '여성'이라는 단일한 범주를 고정하는 것이 아니라, 근대적 주체의 틀에서 제시하는 논의를 넘어서려 한다.

또한 브라이도티는 동시대의 상황을 분석하며, 인간과 비인간, 자연과 인공의 경계가 점점 흐려지고 있다는 점에 주목한다. 과학기술의 발전으로 인해 인간의 신체는 더 이상 순수하게 '자연적'인 것이 아니라, 항상 기술과 사회적 장치 속에서 구성된다. 예컨대 생명공학은 인간의 유전자를 편집할 수 있게 만들었고, 디지털 기술은 인간의 인지적 능력을 확장시키고 있다. 이처럼 인간의 신체와 정체성이 기술과 얽히면서, 전통적 자연/문화의 이분법은 설득력을 잃어 가고 있다. 브라이도티는 이러한 변화가 페미니즘에 새로운 과제를 제시한다는 점에 방점을 찍는다.

이러한 브라이도티의 철학은 다음과 같은 핵심 문제의식을 지닌다. ①근대적 보편 주체에 대한 비판으로 보편으로 제시된 주체가 사실은 배제적이었다는 점을 폭로한다. ②유목적 주체 개념으로 정체성의 고정성을 해체하고, 차이와 변화를 새로운 주체화의 형상화와 연결한다. ③차이의 철학으로 동일성을 중심으로 한 서양 철학 전통에 맞서, 차이 자체를, 그 물질적 역량을 존재론적으로 수용하며 긍정한다. ④인간중심주의를 넘어선 포스트휴먼적 조건에 관한 성찰로 인간/비인간, 자연/기술의 경계가 해체된 새로운 세계에서 주체성을 다시 정의해야 함을 역설한다. 브라이도티는 이와 같은 문제의식을 바탕으로, 페미니즘 철학이 단순히 젠더 평등 담론을 넘어서서, 주체성과 세계 이해 자체를 새롭게 구성하는 급진적 사유로 발전해야 한다고 주장한다.

들뢰즈의 신체 개념과 브라이도티의 유목적 주체

브라이도티의 사유를 이해하려면, 그가 영향을 받은 질 들뢰즈의 신체 개념을 먼저 살펴볼 필요가 있다. 들뢰즈는 철학사에서 신체를 단순히 영혼이나 정신의 하위에 두는 전통을 거부했다. 데카르트 이후 서양 철학은 정신과 신체를 분리하고, 정신을 신체보다 우월한 것으로 보았다. 그러나 들뢰즈는 이러한 이원론을 해체하고 신체를 사유의 중심에 위치시켰다. 들뢰즈는 신체를 단순한 수동적 실체로 보지 않고, "신체는 무엇을 할 수 있는가"라는 질문을 통해 역량(puissance)의 장으로 재사유한다.

신체는 고정된 본질을 지닌 것이 아니라, 끊임없이 관계 속에서 변화하고 새로운 가능성을 드러낸다. 신체는 이미 주어진 본질이 아니라, 끊임없이 변형되고 관계 맺으며 역량을 발휘하는 장(場)이며, 다양한 힘들의 접속과 흐름 속에서 끊임없이 변화하며 생성한다. 여기서 중요한 점은, 신체가 본질이나 정체성으로 규정되는 것이 아니라, 외부와의 관계 맺음을 통해 끊임없이 변용하고 변화하는 과정으로 이해된다는 것이다. 들뢰즈가 스피노자에서 빌려 온 변용(affection)과 변용능력(pouvoir d'être affecté) 개념은 신체가 가진 잠재적 힘을 드러낸다. 변용은 신체가 외부와 접속할 때 발생하는 구체적 효과이며, 변용능력은 그러한 접속을 통해 변화하고, 또 능동적으로 변화를 만들어 내는 힘이다. 따라서 신체는 고정된 실체가 아니라, 관계 속에서 끊임없이 새로운 정동(affect)의 상태를 만들어 내는 역동적 장(場)이다.

                                     여성철학자의 철학 이야기

들뢰즈의 이러한 사유는 윤리학을 당위나 의무가 아닌, 역량을 증가시키는 방식으로 신체들이 결합하는 문제로 전환시킨다. 즉, 윤리적 문제란 "이것을 해야만 한다"는 추상적 규범의 문제가 아니라, 신체가 어떤 관계 속에서 자신의 힘을 강화할 수 있는가, 혹은 반대로 억압당하고 약화되는가의 문제로 재구성된다. 이것이 바로 들뢰즈가 스피노자의 전통을 새롭게 해석하여 제시한 행동학(éthologie)의 핵심이다.

브라이도티는 이와 같은 들뢰즈적 관점을 이어 내면서, 이를 페미니즘적 맥락에서 확장한다. 그는 여성의 신체가 역사적으로 재생산, 돌봄, 섹슈얼리티라는 기능적 코드로만 환원되어 왔음을 지적한다. 그러나 신체는 그러한 사회적 코드에 환원될 수 없는, 언제나 더 많은 잠재성을 가진 존재이다. 브라이도티는 신체가 젠더 규범과 사회적 장치 속에서 구성되지만, 동시에 그것을 초과하는 힘을 지니고 있음을 강조한다.

브라이도티에게 중요한 것은 신체가 가진 역량(potentiality)이다. 이 역량은 단순히 물리적 기능을 의미하는 것이 아니라, 신체가 맺는 관계 속에서 드러나는 변화의 가능성을 가리킨다. 신체는 사회적 규범과 권력에 포획되면서도, 그 포획을 전복할 수 있는 잠재력을 품는다. 그는 신체를 단순한 물질적 토대가 아니라, 끊임없이 사회적·기술적 힘과 얽히며 새롭게 구성되는 장으로 제시한다. 다시 말해 신체는 고정된 기관들의 집합이 아니라, 다양한 힘들이 교차하는 과정 그 자체다. 이런 맥락에서 브라이도티는 신체가 곧 주체성을 생산하는 핵심적인 장이라고 본다. 브라이도티에게 중요한 점은, 이러한 신체 개념이 근대적 주체 개념을 대체할 수 있다는 것이다.

신체가 얼마나 변화할 수 있는가라는 질문은, 여성 주체가 근대적 보편 인간이라는 허구를 넘어 어떻게 새로운 잠재성의 장을 창출할 수 있는가라는 문제로 이어진다. 이는 단순히 '여성의 권리 확대' 차원에 머무는 것이 아니라, 주체 개념 자체를 근본적으로 재구성하려는 급진적 기획이다. 근대적 주체는 이성적이고 자율적인 정신을 중심으로 구성되었지만, 브라이도티가 보기에 주체는 언제나 신체적이며 관계적이다. 신체는 시간과 공간 속에서 변화하며, 그 과정 속에서 주체가 형성된다. 따라서 주체성은 고정된 본질이 아니라 역사적이고 정황적인 과정의 산물이다.

이러한 관점은 페미니즘 철학에 중요한 시사점을 제공한다. 기존의 젠더 개념은 남성과 여성이라는 이분법을 전제로 했으며, 여성의 경험을 설명할 때도 '여성 일반'을 가정하곤 했다. 그러나 브라이도티는 이러한 방식이 여성들의 실제 경험을 설명하지 못한다고 지적한다. 신체는 결코 단일하지 않으며, 인종·계급·나이·성적 지향·장애 여부 등 다양한 조건 속에서 다르게 경험된다. 따라서 페미니즘은 단일한 '여성 주체'

    여성철학자의 철학 이야기

로 상정하기보다는, 차이를 인정하면서도 그 차이들이 생산하는 역량에 주목해야 한다.

동시대 페미니스트 철학자 주디스 버틀러는 젠더를 본질적 속성이 아니라 반복된 행위(performance)의 효과라고 주장했다. 젠더는 수행성을 통해 고정된 것처럼 보이지만, 사실은 늘 균열과 전복의 가능성을 내포하고 있다. 브라이도티는 이 지점에 동의하면서, 다른 길을 제시한다. 여기서 중요한 차이는, 버틀러가 언어와 규범의 장에서 주체의 가능성을 모색했다면, 브라이도티는 언어 바깥에서, 신체와 물질이 지닌 잠재력을 탐구했다는 점이다.

브라이도티는 젠더 수행성에 머무르지 않고, 신체의 물질적 역량에 주목한다. 버틀러가 규범의 균열을 강조했다면, 브라이도티는 그 균열이 신체적 실천과 물질적 변형으로 이어질 수 있음을 제안한다. 브라이도티는 여기서 들뢰즈의 '리좀(rhizome)' 개념을 적극적으로 활용한다. 리좀은 땅속에서 뻗어 나가는 뿌리줄기를 의미하는데, 이는 중심이나 위계 없이 끝없이 연결되고 확장되는 존재 방식을 상징한다. 이에 따르면 주체는 고정된 정체성이 아니라, 신체적·물질적 과정 속에서 끊임없이 생성되는 존재이다. 다시 말해, 주체 역시 단일한 중심이 아니라, 다양한 차이와 관계들이 얽혀 있는 네트워크로 이해할 수 있다. 브라이도티가 말하는 유목적 주체는 바로 이러한 리좀적 존재 방식과 맞닿아 있다.

여성-되기와 포스트휴먼적 주체성

브라이도티의 철학에서 중요한 개념 중 하나는 '여성-되기 (becoming-woman)'이다. 이 개념은 들뢰즈와 가타리의 『천 개의 고원』에서 차용된 것이며, 브라이도티는 이를 페미니즘적으로 재해석한다.

들뢰즈와 가타리에 따르면, 되기는 동일한 존재가 다른 존재로 단순히 변하는 것이 아니다. 되기 개념은 특정한 정체성에 고정되지 않고, 끊임없이 다른 존재와 접속하며 변화하는 과정을 강조한다. 되기는 항상 관계 속에서 발생하는 과정적 사건이며, 두 존재가 만날 때 형성되는 되기의 블록(bloc de devenir)이다. 되기의 블록은 모방이나 동일화가 아니다.

예컨대 들뢰즈와 가타리가 제시한 말벌과 난초의 관계에서, 난초는 말벌을 재현하지 않으며, 말벌 또한 난초를 모방하지 않는다. 오히려 난초는 말벌-되기를, 말벌은 난초-되기를 수행하면서 상호적으로 변형된다.* 이 과정은 이중 포획이라 불린다. 두 존재는 서로를 흡수하거나 종속시키지 않으면서도, 동시에 자신을 변화시키고 새로운 가능성을 창출한다. 되기의 블록은 바로 이러한 비대칭적이고 비재현적인 관계 속에

 여성철학자의 철학 이야기

서 성립한다. 되기는 단순히 하나의 정체성에서 다른 정체성으로 변하는 것이 아니라, 기존의 동일성 범주를 벗어나 새로운 가능성을 창출하는 과정이다. 되기는 항상 현재의 질서를 교란하고, 새로운 관계망을 창출하는 힘을 가진다.

들뢰즈와 가타리의 사유에서 여성-되기는 되기의 출발점이다. 브라이도티는 이 사유를 페미니즘적으로 재맥락화한다. '여성-되기'는 남성이 여성이 되는 것을 의미하지 않는다. 여성-되기는 실제 여성이라는 범주로 환원되지 않는다. 여성-되기는 여성이 되는 것을 뜻하지 않으며, '여성 일반'을 본질화하

---

* 들뢰즈와 가타리가 말벌과 난초의 관계를 예로 들 때, 먼저 생태학적 맥락을 간단히 짚을 필요가 있다. 일부 난초는 말벌을 유인하기 위해 겉모양, 향, 촉감 등을 말벌의 암컷과 비슷하게 만들어 놓는다. 이는 흔히 생물학적으로 '모방(mimicry)'이나 '위장'으로 설명되는 전략이며, 실제로 수컷 말벌은 난초를 암컷으로 착각해 접근하고, 그 과정에서 꽃가루가 옮겨져 수분이 이루어진다. 그러나 들뢰즈와 가타리는 이 관계를 단순한 모방이나 재현의 문제로 보지 않는다. 난초가 말벌을 '본떠서' 재현하는 것이 아니고, 말벌이 난초를 '모방하여' 행동하는 것도 아니다. 중요한 것은 겉모습의 유사성이 아니라, 그 유사성을 매개로 하여 말벌과 난초가 서로의 존재 방식에 접속하며 변형되는 과정이다. 난초는 말벌이 되려는 것도, 말벌을 속여서 '말벌처럼 보이려는' 것도 아니다. 난초는 말벌과 접속하는 순간 말벌-되기를 수행하며, 말벌 역시 난초와의 상호작용 속에서 난초-되기의 과정을 겪는다. 즉, 이 둘의 관계는 누가 누구를 닮았는지 판단하는 문제가 아니라, 둘 사이에서 흐름이 이동하며 새로운 배치가 형성되는 사건이다. 이런 점에서 난초와 말벌은 서로를 복제하거나 재현하는 것이 아니라, 관계를 맺는 순간 서로가 변형되는 '되기(devenir/becoming)'의 장을 함께 구성한다. 말벌의 성적 코드와 난초의 식물적 코드는 서로를 잠시 스쳐 지나가며 교차하고, 이 교차 속에서 둘은 이전과는 다른 방식으로 작동하게 된다. 들뢰즈와 가타리가 주목한 것은 바로 이 상호 변형의 역동성이다.

지 않는다. 오히려 그것은 보편적 인간 개념이 설정해 온 위계와 정상성을 교란하고, 차이와 다중성을 긍정하는 과정이다. 즉, 여성-되기는 고정된 이분법적 젠더 질서의 균열이자, 새로운 관계와 정동을 창출하는 되기의 블록으로 이해될 수 있다.

여성-되기는 단지 여성이 되는 것이 아니라, 기존의 위계적 젠더 질서를 넘어서는 새로운 존재 방식으로의 이동을 가리킨다. 그것은 오히려 남성과 여성이라는 고정된 젠더 범주를 넘어서는 운동을 뜻한다. 여성-되기는 단순히 젠더를 바꾸는 것이 아니라, 성별 이분법에 의해 지배되는 사회적 질서 자체를 교란하는 운동이다.

브라이도티가 여성-되기에 착목하는 이유는 다음과 같다. 여성은 언제나 그 보편 주체의 타자로 설정되었으며, '여성적'이라는 것은 남성적 주체에 의해 규정된 보조적 범주에 불과했다. 이런 맥락에서 여성-되기는 여성이라는 범주를 강화하는 것이 아니라, 오히려 보편적 주체의 틀 자체를 흔드는 급진적 실천으로 이해될 수 있다. 다시 말해, 여성-되기는 새로운 정체성의 탄생이라기보다는, 고정된 정체성을 해체하고 그 틈새에서 새로운 가능성을 여는 과정이다.

브라이도티는 이러한 여성-되기를 통해 페미니즘 주체가 단일하지 않음을 강조한다. 실제로 여성들의 삶은 단일한 범주로 설명될 수 없다. 여성은 인종, 계급, 성적 지향, 국적, 종교

　　　　　　　　여성철학자의 철학 이야기

등에 따라 서로 다른 조건 속에서 살아가며, 그 신체 경험 역시 다르다. 따라서 '여성 일반'이라는 추상적 범주는 여성들의 구체적 삶을 포착하지 못한다. 여성-되기는 바로 이러한 구체적 차이들을 긍정하고, 차이 속에서 새로운 주체성을 창출하는 운동이다.

페미니즘의 주체는 남성의 보완적이고 반사적인(specular) 타자로서 대문자 여성이 아니라, 여성성의 제도로부터 거리를 둔 복잡하고 다층적인 체현적 주체이다. '그녀'는, 보편적인 자세를 취하며 자신의 남성성을 주창하는 지배적 주체로부터 권력을 빼앗긴 반사상(reflection)과 더 이상 일치하지 않는다. 사실 대문자 그녀(She)는 더 이상 하나의 소문자 그녀가 아니라, 전혀 다른 이야기의 주체일지 모른다. 과정 중인 주체, 돌연변이, 대타자의 타자이자, 본질적 변신을 이미 겪어낸 주체, 여성 형태로 주조되어 체현된 주체인 포스트 대문자 여성이다.로지 브라이도티, 『변신: 되기의 유물론을 향해』, 김은주 옮김, 꿈꾼문고, 2020, 31쪽.

이러한 논의는 브라이도티의 포스트휴먼(posthuman) 철학과도 연결된다. 포스트휴먼은 단순히 '인간 이후'라는 의미가 아니라, 근대적 인간 개념의 한계를 넘어서는 새로운 존재 방식을 가리킨다. 근대적 인간은 자연과 문화를, 인간과 비인간을, 정신과 신체를 분리하는 이분법 위에 세워졌다. 그러나 오늘날 생명공학과 디지털 기술의 발전은 이러한 이분법을 무너뜨리고 있다. 인간의 신체는 더 이상 순수하게 자연적인 것이 아니라, 언제나 기술적·사회적 맥락 속에서 구성된다.

여성-되기는 또한 포스트휴먼적 맥락에서 새로운 의미를 갖는다. 오늘날 생명공학, 유전자 편집, 인공지능, 디지털 네트워크와 같은 기술들은 인간 신체를 끊임없이 변형시키고 확장한다. 이 과정에서 인간/비인간, 자연/기술이라는 경계는 점점 무의미해지고 있다. 포스트휴먼적 조건 속에서, 주체는 더 이상 근대적 인간 개념으로는 설명되지 않는다. 브라이도티는 바로 이 지점에서, 여성-되기를 포스트휴먼적 주체성의 시작점으로 제시한다.

포스트휴먼적 페미니즘 주체는 고정된 본질에 의존하지 않는다. 그것은 언제나 관계 속에서, 차이 속에서 형성된다. 여성-되기는 바로 이러한 포스트휴먼적 조건 속에서 새로운 윤리적·정치적 가능성을 연다. 즉, 여성-되기는 단지 젠더 이분법을 넘어서는 실천이 아니라, 인간 중심주의와 본질주의를 넘어서는 급진적 사유 방식인 것이다. 이는 근대적 보편 주체의 해체, 젠더 이분법의 전복, 인간중심주의의 극복이라는 세 가지 차원에서 페미니즘 철학의 새로운 지평을 여는 실천적 사유라 할 수 있다. 여성-되기는 단순히 젠더 이분법을 넘어서는 실천이 아니라, 인간중심주의를 해체하고 새로운 윤리적·정치적 관계를 열어 가는 급진적 사유 방식이며, 차이 속에서 서로 감응하고 공명하는 관계망이 바로 여성-되기의 윤리적·정치적 잠재성이다. 이와 같은 맥락에서 브라이도티는 다음과 같이 자신의 긍정의 윤리학을 소개한다.

"긍정의 윤리학에서 타자에게 내가 해를 가하면 힘, 긍정성의 손실, 관계의 능력 즉 자유의 손실이라는 점에서 나 자신에게 해를 미치는 것으로서 되돌아 온다." 로지 브라이도티, 「긍정, 고통 그리고 임파워먼트」, 허라금 외 엮음, 이화여자대학교아시아여성학센터 기획, 『글로벌 아시아의 이주와 젠더』, 한울, 2011, 64쪽

자연과 인공의 경계가 무너진 시대의 페미니즘

오늘날 생명공학의 발전은 신체를 조작 가능한 것으로 만들었다. 유전자 편집, 보조 생식 기술, 인공 장기, 사이보그 의학 등은 신체가 더 이상 '주어진 것'이 아니라 끊임없이 변형될 수 있는 대상으로 존재한다는 사실을 보여 준다. 또한 디지털 기술은 인간의 인지와 감각을 확장시켜, 신체적 경험의 지평을 바꿔 놓고 있다. 이러한 변화는 인간/비인간, 자연/인공이라는 전통적 구분을 무의미하게 만든다.

브라이도티가 주목하는 것은 바로 이 지점이다. 자연과 인공의 경계가 무너진 시대에, 신체는 새로운 방식으로 존재한다. 그것은 고정된 본질을 지닌 실체가 아니라, 관계와 맥락 속에서 끊임없이 변화하는 과정이다. 이러한 이해는 윤리적·정치적 함의를 지닌다. 근대적 인간 개념은 언제나 특정한 집단을 '보편'으로 설정하고, 나머지를 주변화했다. 그러나 포스트휴먼적 조건에서는 더 이상 단일한 보편 주체를 상정할 수 없다. 주체는 언제나 다수적이고, 차이 속에서 존재한다. 따라서 페미니즘은 차이를 억압하거나 하나의 범주로 통합하려는 대신, 차이를 긍정하고 그 속에서 새로운 연대를 모색해야 한다.

브라이도티는 새로운 연대를 '정동적 연대(affective solidarity)'라고 부른다. 정동적 연대는 동일성에 기초한 연대가 아니라, 서로 다른 존재들이 감각적으로 연결되고 반응하는 관계 속에서 형성된다. 이는 근대적 보편 주체의 틀을 넘어서는 새로운 윤리적·정치적 관계 맺기의 가능성을 열어 주며, 포스트휴먼 시대의 페미니즘이 지향해야 할 윤리적 태도를 제시한다. '보편적 인간'을 기준으로 한 정의가 아니라, 서로 다른 신체들이 맺는 관계 속에서 윤리와 정의를 다시 모색할 필요가 있다.

결국 브라이도티가 우리에게 던지는 질문은 신체가 무엇을 할 수 있는가라는 것이다. 이는 단순히 개인의 능력을 묻는

    여성철학자의 철학 이야기

것이 아니라, 신체가 사회적·기술적 조건 속에서 어떤 새로운 관계와 가능성을 열어 갈 수 있는가라는 더 큰 물음을 포함한다. 근대적 주체 개념의 틀을 벗어나, 차이와 변화, 그리고 관계 속에서 주체를 다시 사유하라는 요청이다.

이러한 브라이도티의 철학은 동시대 페미니즘이 직면한 과제를 선명하게 보여 준다. 자연과 인공의 경계가 무너지고, 인간과 비인간이 얽히는 시대에, 페미니즘은 새로운 주체성, 새로운 윤리, 새로운 정치의 언어를 마련해야 할 필요성이 있는 것이다.

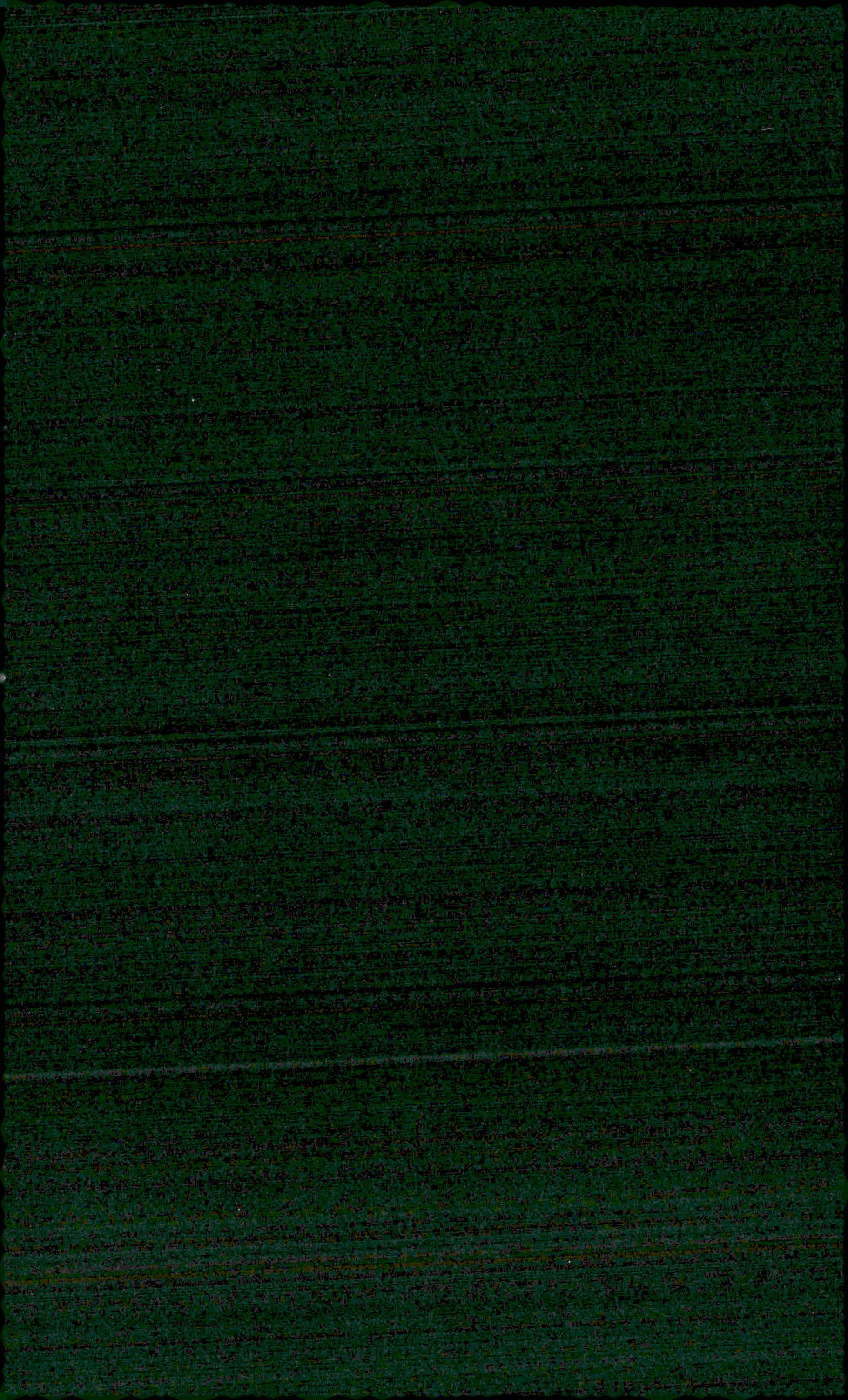